「自己責任」時代を生き抜く知恵

知って得する

年金・税金・雇用・健康保険の基礎知識

2024年版

榎本恵一
渡辺峰男
吉田幸司　著
林　充之
秋山高善

インボイス制度
新NISA
対応

三和書籍

まえがき

　2023年は行動制限が解除され、制限前の活動に大きく舵が切られました。人流はかつての賑わいを取り戻しつつあり、世の中が活気付き始めました。その傍らで新しい行動様式が定着し、デジタル技術が我々の日常生活に溶け込んできています。対面会議からウェブミーティングへ、現金決済からキャッシュレス決算へ、紙の利用明細からウェブの利用明細へなど身近な所にも変化が起きました。

　法律の上でも、デジタル庁が発足して以来、行政サービスのデジタル化が進み、健康保険被保険者証がマイナンバーカードに置き換わろうとしていますし、電子帳簿等保存制度が始まりデジタル化の流れが加速しています。これらは、政府が策定した方針にも明記されていて、例えば国税庁の「税務行政のデジタル・トランスフォーメーション - 税務行政の将来像2023-」では、①納税者の利便性の向上②課税・徴収事務の効率化・高度化等③事業者のデジタル化促進を行うために国税庁はデジタル化を推進していくという主旨の発表をしています。

　また、2023年4月にはこども家庭庁が発足し、少子化対策にこれまで以上に取り組む姿勢を国は見せています。これらのようにかつては少しずつ変えていこうとする姿勢が多かった国の施策ですが、近年はスピード感を持って大胆に変化させて行く方針に変わってきているようにも映ります。

　そのスピードに負けることなく、国が行おうとしている施策をキャッチして、それらを存分に利用していくことがこれからの大変革時代を生き抜く知恵なのです。

　本書はその手助けになれるよう、ライフイベントごとに国から示されている施策を税の専門家である税理士と社会保険・労務・雇用分野の専門家である社会保険労務士がそれぞれの専門知識を活かしてコンパクトでわかりやすく説明しています。

注）この本は 2023 年 10 月時点で施行されているまたは施行が決まっている法律に基づいて書かれています。

目　次

第 **1** 章

得する社会人の
基礎知識

多様な生き方

　「多様な生き方」という言葉があります。人それぞれの価値観、人生観、生活環境、就業環境等に合わせて働き方もいろいろあってもいいのではないかと提唱しています。簡単に言えば、1日8時間残業有りの正社員だけが働き方じゃないよということです。

　これらの生き方にはどのような違いがあるのかを、「雇用」の面から法律上の扱いに基づいて表にしてみました。

　表の家内労働と在宅ワークと社長（役員)以外は基本的に労働者ですから、法律上の大きな違いは雇用契約期間の違いになります。

　年金、健康保険等の面から見ると適用される制度の違いがありますが、それは別のページにゆずることにします。

就労形態による法律上の違い

就労形態	労働基準法	雇用契約期間	特別に適用される法律(注1)
正社員	適用	定年まで	
派遣社員	適用	最長3年（注7)	労働者派遣法
期間契約社員	適用	最長3年（注8)	
業務委託勤務	適用	定年まで（注9)	
アルバイト（注2)	適用	最長3年（注9)	
短時間労働者（注3)	適用	最長3年（注9)	パートタイム労働法
パートタイマー（注4)	適用	最長3年（注9)	
日雇い労働	適用	1日	
家内労働（注5)	適用外	期限なし	家内労働法　下請法
フリーランス（注6)	適用外（注10)	期限なし	下請法　独占禁止法　フリーランス保護法（2024年施行予定)
社長（役員)	適用外（注11)	期限なし	商法　会社法等

注1　労働基準法、労働契約法、厚生年金法、健康保険法、雇用保険法、労働者災害補償保険法等広く労働者に適用される法律以外に適用される法律のことです。

注2　労働時間が正社員と同じ程度で雇用形態がアルバイトとなっている人を指します。

注3　労働時間が正社員に比べて短い人を指します。

注4　労働時間が正社員と同じ程度で雇用形態がパートタイマーとなっている人を指します。

注5　家内労働者とは、通常、自宅を作業場として、メーカーや問屋などから、部品や原材料の提供を受けて、一人または同居の親族と、物品の製造や加工などを行い、工賃を受け取る人をいいます。

注6　パソコン、インターネット等を活用して請負契約でサービスの提供等を行う在宅形態で、主として他の者が代わって行うことが容易なものを行う人を指します。法律ではありませんが、「自営型テレワークの適正な実施のためのガイドライン」によって、注文主と在宅ワーカーの適正な取引きについて規定されています。

注7　登録型の派遣社員として派遣先の同じ課で働ける期間は3年が限度です。

注8　厚生労働省が定める専門的能力を有する人との労働契約、満60歳以上の人との労働契約は最長5年です。
　　一般の人は最長3年の労働契約になります。再度契約をし直すことは可能です。

注9　3年以上の労働契約は結べません。再度契約をし直すことは可能です。
　　ただし、正社員と同じように期間を「定年まで」とする労働契約は結べます。

注10　フリーランスであっても、運送業、アニメ製作、歯科技工士など法で決められた仕事を行う人は、一定の要件を満たせば労災保険に特別加入できます。

注11　中小企業の社長は、一定の要件を満たせば労災保険に特別加入できます。

雇用契約が5年を超えれば定年まで

　契約社員のように期間を決めて雇用されている人が、雇用契約を5年を超えて更新しているときは、雇用される人が会社に申し込みをすれば、契約期間を定年までとすることができます（無期転換といいます）。特定の条件を満たした場合の他は、この申し込みを会社が拒否することはできません。

無期転換の申し込みができる場合

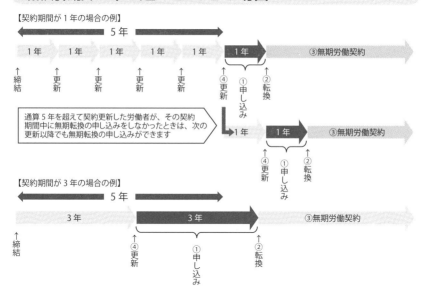

「通算5年」の計算について

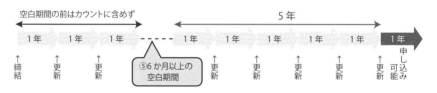

③ 派遣社員は雇用期間が31日以上必要

派遣社員として働く場合は、30日以内の雇用契約はできません。ただし、次の人は30日以内の雇用期間でも認められています。
1. 60歳以上の人
2. 雇用保険に入らない学生
3. 本業の収入が500万円以上ある人が、副業として派遣社員になる場合
4. 世帯収入が500万円以上ある家庭の主な収入を稼ぐ人以外の人が派遣社員になる場合
5. 以下の例外業務の派遣社員となる人
   ソフトウェア開発、機械設計、事務用品機器操作、通訳、翻訳、速記、秘書、ファイリング、調査、財務処理、取引文書作成、デモンストレーション、添乗、受付け、案内、研究開発、事業の実施体制の企画・立案、書籍等の製作・編集、広告デザイン、OAインストラクション、セールスエンジニアの営業、金融商品の営業

また、ある会社（仮にA社とします）を辞めてA社と別の派遣会社（仮にB社とします）に就職し、B社からの派遣社員としてA社で働くには、A社を辞めてから1年超経っていることが必要になります。

ただし、60歳以上の定年退職者は1年以内でもA社へ派遣されることができます。また、派遣先が違法派遣と知りながら派遣労働者を受け入れている場合、違法状態になった時点で、派遣先が派遣労働者に直接雇用することの申し込みをしたものとみなすことになっています。

雇用契約の際の事業主の義務

　雇用契約を結ぶ際や労働条件の変更には事業主は一定の労働条件を明示しなければなりません。書面等で明示しなければならないものと口頭で説明すればよいものがあります。以下にまとめてみました。

	正社員	有期労働者	派遣社員
契約期間	◎	◎	◎
仕事をする場所	◎	◎	◎
仕事をする場所の変更の範囲	◎	◎	◎
仕事の内容	◎	◎	◎
仕事の内容の変更の範囲	◎	◎	◎
始業・終業の時刻	◎	◎	◎
所定時間外労働の有無	◎	◎	◎
休憩・休日・休暇	◎	◎	◎
賃金の締めきり、支払い日、支払い方法等	◎	◎	◎
退職（解雇を含む）に関する事項	◎	◎	◎
昇給の有無等	◎	◎	◎
退職手当の有無等	○	◎	◎
賞与の有無等	○	◎	◎
労働契約を更新する場合の基準		◎	◎
雇用契約更新の上限		◎	◎
無期転換が申し込み可能なことの明示(無期転換の権利がある人のみ)		◎	◎
無期転換後の労働条件(無期転換の権利がある人のみ)		◎	◎
無期転換後の労働条件で正社員とのバランスで考慮したこと(無期転換の権利がある人のみ)		△	△
相談窓口		◎	◎
雇用管理改善措置の内容		○	○

正社員との待遇差の内容と理由		○	○
派遣料金			◎
賃金の見込み額や待遇に関すること			○
派遣会社の事業運営に関すること			○
労働者派遣制度の概要			○
派遣社員として働ける期間			○
その他就業規則などにある労働条件	○	○	○

◎・・・書面等で明示する義務のあるもの
○・・・口頭で説明する義務のあるもの
△・・・口頭で説明するよう努めるもの

⑤ 就職活動中の人への職場情報提供制度

　応募する会社で働いている人の実態を知りたいと思ったら、その会社に対して（ハローワークや学校を通すこともできます）職場情報の提供を求めることができます。会社はこの求めを断れません。ただし、会社から提供される情報は次の（ア）～（ウ）の項目のそれぞれ1項目以上であればよいことになっています。

（ア）募集・採用に関する状況
　　　・過去3年間の新卒採用者数・離職者数
　　　・過去3年間の新卒採用者数の男女別人数
　　　・平均勤続年数
（イ）職業能力の開発・向上に関する状況
　　　・研修の有無および内容
　　　・自己啓発支援の有無および内容
　　　・メンター制度の有無
　　　・キャリアコンサルティング制度の有無および内容
　　　・社内検定等の制度の有無および内容
（ウ）企業における雇用管理に関する状況
　　　・前年度の月平均所定外労働時間の実績
　　　・前年度の有給休暇の平均取得日数
　　　・前年度の育児休業対象者数・取得者数

・役員に占める女性の割合および管理的地位にある者に占める女性の割合

　この情報提供の求めは書面またはメールで、氏名・連絡先・学校名等を明らかにして行うことが原則です。（会社説明会や採用面接の際に口頭で情報提供を求めることもできます）また、会社はこの求めがあれば、書面またはメールで情報提供をしなければなりません。（会社説明会等では口頭で情報提供を行うこともできます）

注1　この制度を利用できるのは、在学中で卒業見込みの人と学校を卒業して就職活動中の人です。また、求人のない会社への情報提供の求めはできません。
注2　この制度を利用して得た情報をSNSやホームページ、ブログ等で拡散することは許されません。
注3　会社はこの制度を利用した人を採用の際に不利益に扱うことは禁止されています。

⑥ 女性活躍推進法等による情報公開制度 ─────

　従業員が101人以上の会社は、会社での女性活躍に関する情報と女性活躍に対する取組目標（行動計画と言います）を公開するように女性活躍推進法で定められています。（100人以下の会社は努力義務）
　情報公開項目は従業員の人数によって異なります。

＜情報公開項目＞
1.男性の育児休業取得割合または育児休業と育児目的休暇の割合（育児休業法による情報公開項目）
2.男女の賃金の差異
3.女性労働者に対する職業生活に関する機会の提供
　①採用した労働者に占める女性労働者の割合
　②男女別の採用における競争倍率
　③労働者に占める女性労働者の割合
　④係長級にある者に占める女性労働者の割合

⑤管理職に占める女性労働者の割合
⑥役員に占める女性の割合
⑦男女別の職種または雇用形態の転換実績
⑧男女別の再雇用または中途採用の実績
4.職業生活と家庭生活との両立
　①男女の平均継続勤務年数の差異
　②10事業年度前およびその前後の事業年度に採用された労働者の男女別の継続雇用割合
　③男女別の育児休業取得率
　④労働者の一月当たりの平均残業時間
　⑤雇用管理区分ごとの労働者の一月当たりの平均残業時間
　⑥有給休暇取得率
　⑦雇用管理区分ごとの有休休暇取得率

企業の従業員規模別の情報公開項目

	1001 人以上	301 人 以 上 1000 人以下	101 人 以 上 300 人以下
男性の育児休業取得割合または育児休業と育児目的休暇の割合	必須	—	—
男女の賃金の差異	必須	必須	2, 男女の賃金の差異と 3. の①～⑧、4. の①～⑦の 16 項目内 1 項目以上
女性労働者に対する職業生活に関する機会の提供	3. の①～⑧の内 1 項目以上	3. の①～⑧の内 1 項目以上	
職業生活と家庭生活との両立	4. の①～⑦の内 1 項目以上	4. の①～⑦の内 1 項目以上	

7 従業員に優しい企業の見分け方 ——————

　厚生労働省では若者、子育て、女性活躍の各分野で優良な会社を認定しています。これらの会社は厚生労働省のホームページで名称やその活動内容を公表しており、各会社はそれぞれの認定マークを使用することができます。

若者に優しい会社
ユースエール
子育てに優しい会社
トライくるみん　　くるみん　　プラチナくるみん

子育てに優しく、不妊治療と仕事の両立の取り組みも推進する会社

トライくるみん
プラス

くるみんプラス

プラチナくるみん
プラス

女性の活躍に優しい会社

えるぼし
１段目

えるぼし
２段目

えるぼし
３段目

プラチナ
えるぼし

第一次産業を目指したい人へ

　第一次産業への従事を支援する施設として、多くの都道府県ハローワークに「農林漁業就職支援コーナー」が設置されています。それとは別に次の施設があります。

　農業では各都道府県に**「就農相談センター」**があります。新規に農業に従事したい人向けの農業法人からの求人情報の提供のほか、農業研修の情報や、農地、住い、施設の紹介まで新たに農業にチャレンジする人に必要な情報を提供しています。

　林業では、**「林業労働力確保支援センター」**が林業従事希望者の支援を行っています。こちらも全国の都道府県に窓口を設置しています。林業に従事する前段階のガイダンスや、林業就業支援講習を実施して林業就業希望者の支援を展開しています。

　漁業は、**「全国漁業就業者確保育成センター」**が、就業支援をしています。こちらも求人情報の提供や体験漁業の紹介などを行っており、漁業を目指す人には強い味方になることでしょう。

第一次産業と船員への就業支援施設

名称	ホームページアドレス
新規農業相談センター	https://www.be-farmer.jp
林業労働力確保支援センター	https://www.nw-mori.or.jp/（林業就業支援ナビ）
全国漁業就業者確保育成センター	https://ryoushi.jp

第2節　働き方で変わる年金、健康保険、雇用保険への加入

① 社会人として生きていくうえで起こりうるリスク

社会人として生きていくなかで、さまざまなことが起こってきます。病気、ケガ、失業、引退後の生活などです。どのような雇用形態を選択するにせよ、社会人であれば、自分のことは自分で守っていかなくてはなりません。自分に起こりうるリスクを自ら解決していかなくてはならないのです。

しかし、これらのリスクが発生したときに自らの力ですべて解決できるものではありません。そこで、いざというときのために、加入者みんなが保険料を負担し助け合う制度として社会保険制度ができたのです。社会保険制度には、**医療保険、介護保険、年金保険、雇用保険、労働者災害補償保険（労災保険）**の5種類があります。

働き方によっては、加入できないものもあります。また、医療保険や年金保険は働き方によって加入する保険制度が違い、受けることのできる給付も違ってきます。例えば、国民年金に40年間加入した場合と、厚生年金に40年間加入した場合ではもらえる年金額に倍以上の差があります。

リスクに対処しておこうと思えば、社会保険でどのような給付を受けられるのか、働き方によってそれはどう違うのかといったことを理解しておかなくてはなりません。足りない部分は自助努力で補っていかなくてはならないのです。

第1章　得する社会人の基礎知識

●こんなとき、こんな社会保険

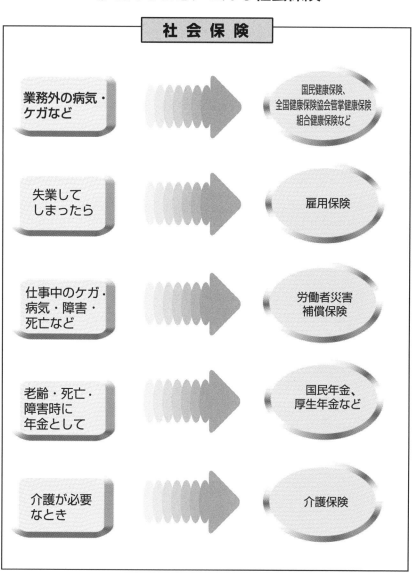

社 会 保 険

こんなとき	こんな社会保険
業務外の病気・ケガなど	国民健康保険、全国健康保険協会管掌健康保険組合健康保険など
失業してしまったら	雇用保険
仕事中のケガ・病気・障害・死亡など	労働者災害補償保険
老齢・死亡・障害時に年金として	国民年金、厚生年金など
介護が必要なとき	介護保険

医療保険は、国民全員加入

　現在、わが国ではサラリーマンが加入する**全国健康保険協会管掌健康保険・組合管掌健康保険**（大企業や同業種の会社が集まって設立したもの）、自営業者などが加入する**国民健康保険**、公務員が加入する**共済組合**で**国民皆保険制度**が出来上がっています。つまり、全員何らかの保険に加入しなければならないわけです。働き方などによって加入すべき保険制度が違います。次頁でご確認ください。

　国民健康保険は、市区町村と都道府県が保険者となって運営しているものと、同業種が集まって設立した**国民健康保険組合**（建設業国保、医師国保など）があります。市区町村や国民健康保険組合によって保険料の計算方法が違います。

　全国健康保険協会管掌健康保険の場合、保険料率は都道府県単位で決定され標準報酬月額に都道府県ごとの保険料率を乗じた金額です。全国平均の保険料率は100.0/1000です。保険料は、1/2ずつ会社と従業員が負担しています。標準報酬月額とは、毎年4月から6月までの3か月間の給与の総額（賞与は含みません）を3で割ったものを、区切りのよい幅で区分したものです。また、賞与（年間（4月1日から3月31日）573万円が上限）にも同様に保険料の負担があります。

　組合管掌健康保険の場合、30/1000 ～ 130/1000の範囲内で定めることになっており、組合によって保険料率が違います。協会健保よりも保険料が安く給付も付加給付として協会健保以上の給付が受けられることが多いようです。

●フローチャート　あなたの加入する健康保険は

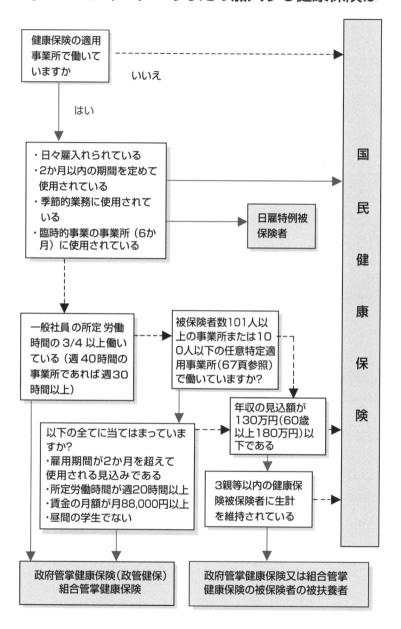

健康保険の適用事業所で働いていますか

いいえ

はい

・日々雇入れられている
・2か月以内の期間を定めて使用されている
・季節的業務に使用されている
・臨時的事業の事業所（6か月）に使用されている

日雇特例被保険者

一般社員の所定労働時間の3/4以上働いている（週40時間の事業所であれば週30時間以上）

被保険者数101人以上の事業所または100人以下の任意特定適用事業所（67頁参照）で働いていますか?

以下の全てに当てはまっていますか?
・雇用期間が2か月を超えて使用される見込みである
・所定労働時間が週20時間以上
・賃金の月額が月88,000円以上
・昼間の学生でない

年収の見込額が130万円（60歳以上180万円）以下である

3親等以内の健康保険被保険者に生計を維持されている

国民健康保険

政府管掌健康保険（政管健保）組合管掌健康保険

政府管掌健康保険又は組合管掌健康保険の被保険者の被扶養者

③ 年金保険は、20歳から60歳までは全員加入

　わが国の公的年金は、医療保険と同じように**国民皆年金**となっており、20歳以上60歳未満の国民全員が何らかの公的年金制度に加入しなくてはなりません。

　全国民に共通した「**国民年金**（基礎年金）」を基礎に、**厚生年金**の被用者年金、**厚生年金基金**などの企業年金や個人年金の3階建ての体系となっています。

　厚生年金の適用事業所で働いている69歳以下の人は、原則厚生年金の被保険者となります。同時に、国民年金の第2号被保険者となります。しかし、老齢基礎年金の受給権を得ている人は64歳まで第2号被保険者です。直接国民年金の保険料を支払うことはありませんが、厚生年金から基礎年金拠出金という形で国民年金に第2号被保険者と第3号被保険者の保険料が払い込まれています。前頁フローチャートで国民健康保険を国民年金第1号被保険者、全国健康保険協会管掌健康保険を厚生年金（国民年金第2号被保険者）に読み替えてみてください。3親等以内の健康保険被保険者に生計を維持されており、被扶養者になれる場合でも配偶者以外は、国民年金の第1号被保険者（20歳以上の学生など）となります。

　国民年金の第1号被保険者は、第2号でも第3号でもない20歳以上60歳未満の全員（収入がなくても）が加入することになります。第3号被保険者については、第4章第2節を参照ください。
　また、保険料については、次頁をご参照ください。

●年金の仕組みがすぐ分かる図

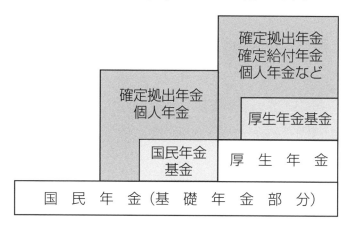

◆**第1号被保険者**・・・第2号でも第3号でもない被保険者
20歳から59歳までの自営業者、学生等
◆**第2号被保険者**・・・厚生年金の被保険者。ただし、老齢基礎年金の
受給権を得ている人は64歳まで。
◆**第3号被保険者**・・・第2号被保険者の被扶養配偶者(20歳以上60
歳未満)

☐　**国民年金保険料**（自分で納付）
16,520円（2023年度）

☐　**厚生年金保険料**（給与から天引き）
標準報酬月額の183.00/1000を1/2ずつ会社と従業員が負担
賞与も同様です（但し1か月の上限は150万円）。

④ 労働保険は、働く人のために

労働保険には、**労災保険**と**雇用保険**があります。

労働保険は、1人でも雇用する事業主に加入を義務付けられたものです（一部の業種を除く）。

労災保険は労働災害や通勤災害で必要な給付を行うものです（給付の詳細については第5章第1節参照）。事業主との間で雇用関係がある限り、短時間労働者であろうが、短期のアルバイトであろうが必要な給付を受けることができます。法人の役員や個人事業の事業主は対象になりません。ただし、労働保険事務組合に加入するなどして対象になることはできます。保険料は事業の種類ごとに賃金の2.5/1000から88/1000の間で定められていますが、全額事業主負担となっています。

雇用保険の給付には、失業をした場合以外にも、教育訓練給付などさまざまなものがあります（給付の詳細については第5章第6節、第7章第2節参照）。失業した場合の最低限の収入を確保するためにも雇用保険の被保険者となっておくべきです。次頁でご確認ください。法人の役員や個人事業主は原則として被保険者となることはできません。

保険料は次頁のとおりです。このうち、被保険者負担分が給与から天引きされています。賞与からも同様に天引きされます。

●雇用保険の被保険者の種類一覧表

（被保険者の種類）
①一般被保険者
②高年齢被保険者
③短期雇用特例被保険者
④日雇労働被保険者

＊被保険者になれない者

・一週間の所定労働時間が20時間未満である者（日雇労働被保険者に該当することとなる者を除く）

・同一の事業主の適用事業に継続して31日以上雇用されることが見込まれない者（前2か月の各月において18日以上同一の事業主の適用事業に雇用された者及び日雇労働被保険者に該当することとなる者を除く）

・季節的事業に雇用される者（日雇労働被保険者や短期雇用特例被保険者に該当する者を除く）

・昼間学生

＊①一般被保険者

②③④でない者

＊②高年齢被保険者

65歳以上の被保険者であって③④に該当しない者

＊③短期雇用特例被保険者

季節的に雇用される者で一週間の労働時間が30時間以上かつ4か月超の雇用期間を定めて雇用される者

＊④日雇労働被保険者

日々雇用される者又は30日以内の期間を定めて雇用される者（前2か月の各月において18日以上同一の事業主の適用事業に雇用された者及び同一の事業主の適用事業に継続して31日以上雇用された者）

●あなたの負担する雇用保険料

事業区分	雇用保険率	負担割合	
		事 業 主	被 保 険 者
一般の事業	$\frac{15.5}{1000}$	$\frac{9.5}{1000}$	$\frac{6.0}{1000}$
農林水産業の事業 清酒製造の事業	$\frac{17.5}{1000}$	$\frac{10.5}{1000}$	$\frac{7.0}{1000}$
建設の事業	$\frac{18.5}{1000}$	$\frac{11.5}{1000}$	$\frac{7.0}{1000}$

正社員・派遣・アルバイト・契約社員・会社の社長の税金

 ① 多様な生き方で変わる税金

　現在、サラリーマン（個人事業主を除くすべての生き方）の税制の仕組みである「**源泉徴収制度**」は税の前取りであり、これに対し個人事業主は**確定申告**のスタイルをとっています。つまり、個人事業主以外はこの源泉徴収制度による仕組みにより税が徴収されています。課税の平等からは、今後は何らかの方法により、一定の源泉徴収は残すものの、選択により、全員が申告納税制度を活用できるような道が開かれることも考えられます。

 ② サラリーマンの税金

　サラリーマンの税金は、基本的に、毎月の**源泉徴収**と、年末に会社が行う**年末調整**で税金の精算は終了します。

　しかし、終身雇用制度が中心の時代はまだしも、成果主義が要求される時代には、その人の年間の給与がなかなか約束できない時代になって、この源泉徴収制度は、企業の経理コストを圧迫すると言われています。その意味からも、国に代わって企業が年末調整を代行する時代は、将来変化していくと思われます。

　では、なぜ、すべての国民に申告納税制度が採用されないかというと、最大の理由は税収確保です。源泉徴収制度により、基本的には翌月源泉所得税が国に納付される仕組みだからです。この制度が存在している以上、個人事業主以外は、給与はガラス張りになっているわけです。

①年末調整とは

　サラリーマンは、その年の初めに会社に対し、住所、扶養者の名前、生年月日を記載してある「給与所得者の扶養控除等（異動）申告書」等を提出します。一方、会社は、その申告に基づき毎月の源泉徴収税額を計算し、毎月、源泉所得税を天引き徴収する仕組みになっています。会社は、その年の最後の給与を支払うとき（一般的には12月）に各人の正しい１年間の所得税を計算します。その際、徴収しすぎた場合には、これを還付し、不足額が発生した場合には、不足額を最後に徴収します。

②年末調整が出来ないサラリーマン

　年収が2,000万円を超えるサラリーマンは、年末調整はできず、確定申告をすることとなります。

③確定申告をしなければならないサラリーマン

　次に掲げる場合に該当するときは、年末調整後、再度、確定申告を行い、税金の精算をしなければなりません。
　・原稿料や家賃などの副収入の所得（収入−必要経費）が20万円を超える人

④確定申告を利用した方がよいと思われる人

　・年の途中で退職して、年末まで就職していない人
　　（第2章2節を参照）

⑤確定申告をしなければ還付されない人

　・多額の医療費の支払いがあった人（第5章1節を参照）
　・雑損控除・寄附金控除を受けようとする人など（第4章7節を参照）

 ③ 源泉徴収票の解説 ─────────────

　このガラス張りの給与の１年間の集大成が皆さんご存知の『**源泉徴収票**』です。この源泉徴収票は、１年に一度お目にかかるほか、会社を退職したときに、会社から発行してもらいます。案外この源泉徴収票の中

身が分からない人が多いようです（分からなくても当然と言えば当然です。源泉徴収票の中身は、専門用語が多く、自分にすべて関係する項目が記載されているわけではありません）。

　一般的なサラリーマンは給与の額面から源泉所得税（社会保険料も含まれる）などが差し引かれ、かなり手取りが少ない金額になってしまいます。このようなことを義務教育を通じて事前に学んだでしょうか。税金だから本人にとって仕方がないことですまされることでしょうか。タックスペイヤー（納税義務者）教育として、所得税法における源泉徴収制度についての正しい教育を受けていたとしても、実際に本人の手取りが少なくなることに対して好意的に理解するかどうか分かりません。

　現状はわが国においてタックスペイヤー教育は行われていません。細かいことですが知識の積み重ねにより、税金に対してタックスペイヤーが関心を持つことが大事なのです。

　そこで、源泉徴収票の実物を見ながら、主な箇所に入る数字について

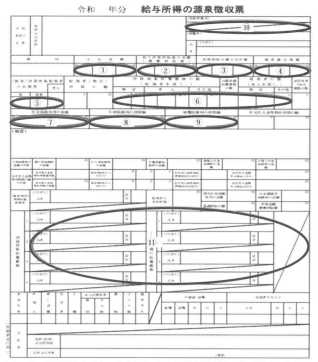

※マイナンバー制度導入により、2016年分から源泉徴収票の様式が変更となりました。

見てみます。

❶ 支払金額

　会社から支払いを受けた総額が記載されます。いわゆる税引き前の年収と考えてください。

❷ 給与所得控除後の金額

　給与収入から法定の控除額（給与収入に対して約3割※であり、経費相当額に該当するもの）を会社からの支払金額から控除した所得金額を示しています（個人事業主でいうところの売上から必要経費を控除した利益を意味するものと同じとご理解ください）。

　※ この約3割とは、国が決めた控除額です。

❸ 所得控除の額の合計額

　社会保険料控除・生命保険料控除・地震保険料控除・配偶者控除・（配偶者特別控除）・扶養控除・基礎控除の所得控除の合計額が記載されています。

❹ 源泉徴収税額

　年末調整後において、支払い金額に対する最終的な年間トータルした所得税を国に納めた証明の額を示してます。

❺ 控除対象配偶者の有無等

　「有」に○がついている場合は、控除対象配偶者がいるという意味です。当たり前のようにみえますが、ただ単に配偶者がいるという意味ではなく、扶養に入る配偶者を指します（控除対象配偶者は、夫から見た妻、妻から見た夫を指します）。

❻ 控除対象扶養親族の数

（イ）控除対象扶養親族　控除額：38万円/人

　控除対象扶養親族とは、前年の12月31日現在で生計を一にする親族(配偶者を除く)や、いわゆる里子及び養護受託者に養護を委託された老人のうち、前年中の合計所得金額が48万円（2019年分以前は38万円）以下であり、かつ12月31日現在で16歳以上の人をいいます。なお、16歳未満の扶養親族については、控除の対象とはなりません。

（ロ）特定扶養親族　控除額：63万円/人

　特定扶養親族とは、控除対象扶養親族のうち12月31日現在で19歳以上23歳未満の人をいいます。

（ハ）老人扶養親族　（同居老親以外）控除額：48万円/人

老人扶養親族とは、控除対象扶養親族のうち12月31日現在で年齢70歳以上の人をいいます。

（ニ）同居老親等　控除額：58万円/人

　同居老親等とは、老人扶養親族のうち、自己または自己の配偶者の直系尊属で、自己または自己の配偶者のいずれかとの同居を常況としている人をいいます。

（ホ）扶養親族が障害者の場合

　同一生計配偶者か扶養親族が、所得税法上の障害者に当てはまる人をいいます。障害の程度や、同居の有無などにより控除金額が異なります。障害者に該当する場合は1人につき27万円、特別障害者は40万円、同居特別障害者は75万円の障害者控除が適用できます。なお、障害者控除は、扶養控除の適用がない16歳未満の扶養親族を有する場合においても適用されます。

❼ 社会保険料等の金額

　従来、社会保険料については、年末調整の際に証明書の添付が不要でした。未納が問題となった為、国民年金保険料等については添付が条件になっています。

❽ 生命保険料の控除額

　控除額は「一般生命保険料控除」「個人年金保険料控除」が4万円に変更となり、新設される「介護医療保険料控除」も同額となります。制度全体での所得税の控除限度額は、12万円となります。

❾ 地震保険料の控除額

　控除額は、上限を5万円として年間払込地震保険料合計額が控除額となります。

❿ 個人番号

　マイナンバー制度の導入により、源泉徴収者の番号が記載されることとなりました。ただし、給与の支払を受ける方に交付する源泉徴収票には、個人番号は記載されません

⓫ 扶養控除配偶者および控除対象扶養親族の氏名・個人番号

　マイナンバー制度の導入により、扶養控除配偶者および控除対象扶養親族の氏名・個人番号が記載されることとなりました。ただし、給与の支払を受ける方に交付する源泉徴収票には、個人番号は記載されません。

4 個人事業主の税金

個人事業主に対する税金、すなわち、**所得税**の課税期間は、その年1月1日から12月31日までの収入と必要経費を計算し、翌年、2月16日から3月15日までに所轄の税務署に確定申告をしなければなりません。

ほかの形態との最大の違いは、給与所得控除（概算必要経費）がない点です。逆な考え方をすれば、個人事業主に対しては、給与という考え方がないため、源泉徴収は考える必要はないのです。

また、中間納税として、前年分の所得税の年税額（予定納税基準額）が15万円以上であるときは、第1期(その年の7月1日から7月31日までの期間)及び第2期(その年11月1日から11月30日までの期間)において、予定納税基準額の3分の1の所得税を納付します。

 ## 5 アルバイト・パートの税金

基本的に、サラリーマンの税金と同じと考えられます。パート、アルバイトの場合、配偶者の扶養になるかなれないかが最大の関心事ではないでしょうか（第4章3節参照）。

 ## 6 社長の税金

税金の分野に関してだけは、サラリーマンと基本的に変わりはありませんが、若干所得控除の分野で、優遇されているものがある程度です。

以上のように、今までは、皆、同じような形態で、学校などで勉強をしてきましたが、いざ社会人になると、生き方次第でタックスペイヤー（納税義務者）としていろいろと変化をしてくるのです。

税の世界のIT化と納税環境の劇的変化

税務の現場にもIT化の波が押し寄せて来ました。特にここ数年、インターネットからの確定申告の提出件数が激増しています。

我々の税務をめぐる環境の変化は大きな転換点を迎えました。

 ## 1 国税電子申告・納税システム（e-Tax）紹介

国税電子申告・納税システムは、インターネットを利用して、所得税、消費税、法人税、贈与税、酒税、印紙税の申告及び法定調書、所得税徴収高計算書の提出や、納税証明書交付請求のほか、各種申請・届出ができます。

 ## 2 e-Taxの簡素化

e-Taxを利用して確定申告等を行う場合には、事前に①マイナンバーカードの取得、②e-Taxの開始届出書の提出、③IDとパスワードの設定、④利用者識別番号の取得が必要でした。

当該利用手続き等を簡素化するための措置として、2019年1月から「マイナンバーカード方式」と「ID・パスワード方式」の2つの方式が追加されました。ただし、「ID・パスワード方式」については、マイナンバーカード及びICカードリーダライタ（ICカードリーダライタとして使用できるスマートフォンもあります。）が普及するまでの暫定的な

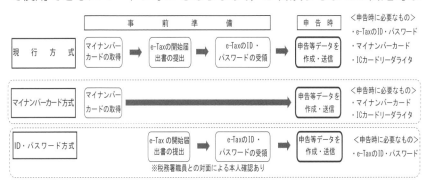

対応となります。

　さらには、税目等は限定的ではありますがスマートフォン等での確定申告も可能となり、手軽に確定申告が行える環境が整ってきたといえます。

③ コンビニやクレジット納税で納付手続きが簡素化——

　今までは、電子納税（e-Tax、インターネットバンキングなど）や振替納税以外は、納付書を添えて銀行、郵便局、税務署窓口でしか納付することができませんでした。しかし、現在はコンビニエンスストアなどでも納付が可能となっています。これで、銀行が混雑していてもお近くのコンビニで30万円以下の納税であれば24時間納付が可能になります。

　クレジットカード納付は、国税庁長官が指定した民間の納付受託者が、利用者から納付の委託を受けて、立替払いにより国に納付する仕組みとなっています。

　金融機関やコンビニエンスストア、税務署の窓口ではクレジットカードによる国税の納付はできません。

　クレジットカードによる納付は、「国税クレジットカードお支払サイト」を通じてのインターネットを利用した納付手続きとなりますので、パソコンやスマートフォン等から納付手続を行ってください。

　決済手数料が発生しますが、利用者自身がご負担していただく必要があります。

　なお、決済手数料は、国の収入になるものではありません。

　2022年12月以後、スマートフォンを使用した決済アプリによる国税の納付が可能となりました。納付手続きの方法の拡充は、納税者にとって利便性が向上しました。

＜納付手続きの方法＞
・税務署等の窓口での納付
・コンビニ納付（納付額 30 万円以下）
・ダイレクト納付（e-Tax など）
・インターネットバンキング等による納付
・クレジットカード納付（国税クレジットカードお支払サイト）

・スマートフォンアプリ納付（納税額 30 万円以下）
　国税については 2022 年 12 月に導入予定
・振替納税（預貯金口座からの振り替えによる納付）
　※毎年確定申告の提出・納付税額がある方は便利です。

 脱ハンコ！押印義務の廃止 （2021年4月1日以後提出の書類に適用）

　行政手続コストの削減、納税者の利便性向上の観点から、国税関係書類全般（確定申告書や給与所得者の扶養控除等申告書など）に関する押印義務が廃止されました。ただし、遺産分割協議書などの一部の書類には従来通り押印が必要となります。

 帳簿と請求書などの書類 （国税関係帳簿書類） の保存 ───

　事業を行っている場合などには、事業に関する日々の取引を正確に帳簿に記帳するとともに、その帳簿や請求書などの書類を原則 7 年間（一部の書類は 5 年）保存する必要があります。保存方法としては、紙ベースか電子データで保存することとなります。一見便利そうな電子帳簿の保存ですが、税務署長の事前承認と、より信頼性の高いシステム（会計ソフト等）の導入が必要だったため、結局は紙ベースで保存せざるを得ない状況でした。

　そこで 2021 年度税制改正において、経理の電子化による生産性の向上、テレワーク推進やペーパーレス化等を図るため、国税関係帳簿書類を電子的に保存する際の手続きが簡素化されました。

　帳簿保存については、事前承認を廃止し、最低限の要件を満たす電子データのまま保存することが可能となる要件が緩和されました。同様に請求書などの書類もスキャナにより記録された画像データでの保存に関する条件が緩和されました。

⑥ 税務調査

　従来からの運用を踏まえて、税務調査手続が国税通則法において法定化されています。この改正は、2013年1月1日以後に新たに納税者に対して開始する税務調査について適用されています。

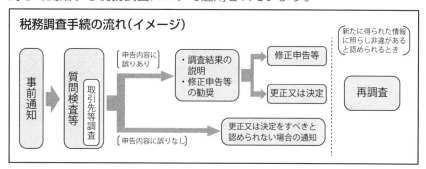

①事前通知

　税務調査に際しては、原則として、納税者に対し調査の開始日時・開始場所・調査対象税目・調査対象期間などを事前に通知します。その際、税務代理を委任された税理士に対しても同様に通知します。

　なお、合理的な理由がある場合には、調査日時の変更の協議を求めることができます。ただし、税務署等が保有する情報から、事前通知をすることにより正確な事実の把握をする、又は調査の適正な遂行に支障を及ぼすおそれがあると認められる場合には、通知せずに税務調査を行うことがあります。

②身分証明書の提示等

　税務調査のため、調査担当者が事務所や事業所等に伺う際には、身分証明書と質問検査章を携行し、これらを提示して自らの身分と氏名を明らかにします。

③質問事項への回答と帳簿書類の提示又は提出

　税務調査の際には、質問検査権に基づく質問に対して正確に回答してください。また、調査担当者の求めに応じ帳簿書類などを提示又は提出

してください。

　なお、質問事項に対し偽りの回答をした場合もしくは検査を拒否した場合、又は正当な理由がなく提示若しくは提出の要求に応じない場合などについて、法律に罰則の定めがあります。

④帳簿書類の預かりと返還

　調査担当者は、税務調査において必要がある場合には、納税者の承諾を得た上で、提出された帳簿書類などをお預かりします。その際には、預り証をお渡しします。

⑤取引先等への調査

　税務調査において必要がある場合には、取引先などに対し、質問又は検査等を行うことがあります。

⑥調査結果の説明と修正申告や期限後申告の勧奨

　税務調査において、申告内容に誤りが認められた場合や、申告する義務がありながら申告していなかったことが判明した場合には、調査結果の内容（誤りの内容、金額、理由）を説明し、修正申告や期限後申告（以下「修正申告等」といいます。）を勧奨します。

　また、修正申告等を勧奨する場合においては、更正の請求はできることを説明し、その旨を記載した書面をお渡しします。

⑦更正又は決定

　修正申告等の勧奨に応じない場合には、税務署長が更正又は決定の処分を行い（原則、法定申告期限から5年間）、更正又は決定の通知書を送ります。ただし、偽りや不正の行為により全部若しくは一部の税額を免れ、又は還付を受けた場合には、税務署長は法定申告期限から7年間、更正又は決定の処分を行うことができます。

⑧処分理由の記載

　税務署長等が更正又は決定などの不利益処分や納税者からの申請を拒否する処分を行う場合には、その通知書に処分の理由を記載します。

⑨更正又は決定をすべきと認められない場合の通知

　税務調査の結果、申告内容に誤りが認められない場合や、申告義務がないと認められる場合などには、その旨を書面により通知します。

⑩再調査

　税務調査の結果に基づき修正申告等が提出された後又は更正もしくは決定などをした後や上記⑨の通知をした後においても、税務調査の対象とした期間について、新たに得られた情報に照らし非違があると認められるときは、改めて税務調査を行うことがあります。

 ## 7　処分に不服があるとき

　税務署長が行った処分に不服があるときには、その処分の取り消しや変更を求める不服申立てをすることができます（権利救済手続）。

①「審査請求」と「再調査の請求」の選択

　不服申立ては、処分の通知を受けた日の翌日から原則として3か月以内に、国税不服審判所長に対する「審査請求」か、処分を行った税務署長等に対する「再調査の請求」のいずれかを選択して行うことができます。

　なお、審査請求は、再調査の請求を経ずに直接行うことができます。また、再調査の請求を行った場合であっても、再調査の請求についての決定後の処分になお不服があるときは、再調査決定書謄本の送達があった日の翌日から1か月以内に審査請求をすることができます。

②訴訟

　審査請求に対する国税不服審判所長の裁決があった後の処分に不服があるときは、裁決があったことを知った日の翌日から6か月以内に裁判所に対して処分の取消しを求める訴えを提起することができます。

　審査請求がされた日の翌日から起算して3か月を経過しても裁決がないときは、裁決を経ないで訴えを提起することができます。この場合、訴訟とは別に引き続き国税不服審判所長の裁決を求めることもできます。

第**2**章

得する結婚退職の
基礎知識

得する結婚退職後の年金、健康保険、失業保険

この章では、結婚退職をした場合の年金、健康保険、失業保険について取り上げています。共働きの場合については第4章をご参照ください。

 ① 年金保険料自分で納める？　それとも・・・──────

　厚生年金の被保険者と結婚した場合、**国民年金**の**第3号被保険者**となります。第3号被保険者とは、厚生年金被保険者（国民年金第2号被保険者）の被扶養配偶者のことをいいます。第3号被保険者になると国民年金を直接納付する必要はありません。納付していなくても国民年金を納付していたものとみなされ、将来それに見合う**老齢基礎年金**が受給できます。納付しなくても受給できるのは厚生年金から基礎年金拠出金という形で国民年金に第3号被保険者の保険料が払い込まれているからです。かといって配偶者の厚生年金保険料が上がることはありません。第3号被保険者の手続きは配偶者の勤務している事業所で行ってもらってください。

　ここで、注意してもらいたいのは失業保険を受給している間は**被扶養配偶者**になれないケースがあるということです。被扶養配偶者になるためには、年収が130万円(60歳以上180万円）未満でなければなりません。ここでいう年収とは、前年度の年収や過去１年間の年収のことではありません。これから先のことを言っているのです。失業保険を3,612円（130万円/360日）以上、60歳以上の場合は5,000円（180万円/360日）以上受給している人は第3号被保険者になることはできません（待機期間と受給制限期間中は第3号被保険者になることができます）。したがって失業保険をもらい終えるか、もらうことを放棄しない限り第1号被保険者として国民年金の保険料を納付する必要があります。

　自営業者などの国民年金第1号被保険者と結婚した場合も国民年金第1号被保険者になります。

　国民年金第1号被保険者の手続きは、住所地の市区町村で行ってください。

●結婚退職で年金はこうなる

サラリーマン（第2号被保険者）
と結婚したら
第3号被保険者
保険料負担なし

自営業者（第1号被保険者）
と結婚したら
第1号被保険者
保険料負担あり

② 健康保険扶養に入れる？　それとも・・・

　全国健康保険協会管掌健康保険や組合管掌健康保険の被保険者と結婚した場合、**被扶養配偶者**になります。被扶養配偶者になっても被保険者の健康保険料が上がることはありません。被扶養配偶者になる手続きは、配偶者の勤務している事業所で行ってもらってください。

　ただし、失業保険を受給している人は、年金の場合と同様に被扶養配偶者になることはできません。この場合、被扶養配偶者になるまでの間、何らかの健康保険制度に加入しなければなりません。健康保険の**任意継続被保険者**か国民健康保険のどちらかを選択することになります。保険料などを比較して有利な方を選択できます。任意継続に関する詳細

は第5章第6節その2の1をご参照ください。

　自営業者などの国民健康保険の被保険者と結婚した場合、国民健康保険の被保険者となります。国民健康保険の場合、世帯単位で加入していますので、被扶養配偶者ではなく被保険者となります。また、保険料は、世帯全体の前年の所得合計金額や人数などによって決定されます。一人被保険者が増え、合計所得金額も増加しますので保険料も増えることとなります。

●結婚退職で健康保険はこうなる

サラリーマンと結婚したら
健康保険被扶養配偶者
保険料の増加はなし

自営業者と結婚したら
国民健康保険被保険者
世帯の保険料が増加

③ 失業保険は?

　退職し失業すると、いわゆる**失業保険**を受給することができます。正確には雇用保険の求職者給付といいます。ただし、受給しようと思えばいろいろな条件があります。詳細は、第5章第6節を参照してください。

第2節 結婚退職のときの申告は忘れずに

結婚退職のときの税金

 ① 年の途中で会社を退職したとき ─────

　結婚に限りませんが、年の途中で会社を退職した場合は、一般的に退職をした翌年の確定申告時に**確定申告**をすれば、源泉徴収された税金が還付されます。

　特に、結婚というおめでたいことによって退職されたときは、喜びのあまり、還付請求をつい忘れてしまう方が多いようです。必ず、退職時に会社から**源泉徴収票**をもらい、大事に保管しておいてください。

 ② 2か所以上から給料をもらっている場合─────

　年の途中で、前職から新たに就職して年末まで在職していた場合には、年末時点に就職している会社で年末調整をしてもらえます。しかし、結婚退職して年末まで会社に在職しておらず、複数枚の源泉徴収票がある場合は、翌年の確定申告での税金の精算になります。

 ③ なぜ還付になるのか ─────

　毎月源泉徴収されている額は、その人が年末まで在職していると仮定して、毎月の源泉徴収税額が計算されています。基本的には、年末調整で、生命保険料や地震保険料があれば控除対象になりますし、ご両親などを扶養されている場合は、12月31日現在の状態で判断しますので、年末調整をすれば還付されます。

　年の途中で退職をして、そのまま、ご結婚に備えて、ほかの会社に就職してなければ、多く源泉徴収されているわけですので、当然還付になるのです。ただし、申告書を提出しなければ、税務署サイドのおせっか

いで還付をしてはくれませんので、**「自己責任」**で自ら申告書を提出してください。

 ④ 還付申告は、翌年から ─────────────

　確定申告は2月16日から3月15日の期間が定められていますが、還付申告は、年が明けると提出できますので、お住まいの近くの税務署（住所の所在地でどこに提出するか決まっています）で申告ができます。郵送でも受け付けていますが、自宅からパソコンやスマートフォンで申告書が作成できるようになっていますので、面倒なことはひとつもありません。

　なお、スマートフォンを使いe-Tax申告した方は、約249万人で年々増加しています（令和4年度）。その他、右の国税庁が発表しているデータを見ても分かるように、実際にパソコン等を使用しe-Taxを利用する方は年々増えてきています。

　IT化が進むに連れて、今後ますます、知識さえあれば、自分自身で申告ができると思いますので、皆さんも、ぜひともチャレンジしてみてはいかがでしょうか。

≪自宅からスマホを使って e-Tax で申告した方の推移≫

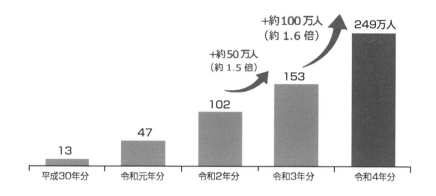

(国税庁 HP「令和 4 年分の所得税等、消費税及び贈与税の確定申告状況等について」引用)

所得税等の申告状況の推移

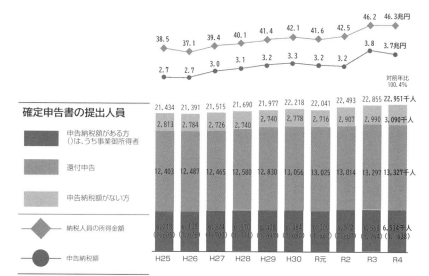

確定申告書の提出人員

- 申告納税額がある方 ()は、うち事業御所得者
- 還付申告
- 申告納税額がない方
- ◆ 納税人員の所得金額
- ● 申告納税額

	H25	H26	H27	H28	H29	H30	R元	R2	R3	R4
合計	21,434	21,391	21,515	21,690	21,977	22,218	22,041	22,493	22,855	22,951千人
申告納税額がある方	2,813	2,784	2,726	2,740	2,740	2,778	2,716	2,907	2,990	3,090千人
申告納税額がない方	12,403	12,487	12,465	12,580	12,830	13,056	13,025	13,014	13,297	13,327千人
納税人員の所得金額	6,218 (1,605)	6,120 (1,626)	6,324 (1,700)	6,370 (1,731)	6,408 (1,697)	6,384 (1,680)	6,300 (1,667)	6,572 (1,657)	6,568 (1,754)	6,534千人 (1,638)

納税人員の所得金額: 38.5 / 37.1 / 39.4 / 40.1 / 41.4 / 42.1 / 41.6 / 42.5 / 46.2 / 46.3兆円

申告納税額: 2.7 / 2.7 / 3.0 / 3.1 / 3.2 / 3.3 / 3.2 / 3.2 / 3.8 / 3.7兆円（対前年比 100.4%）

自宅等での e-Tax 利用状況（所得税等）の推移

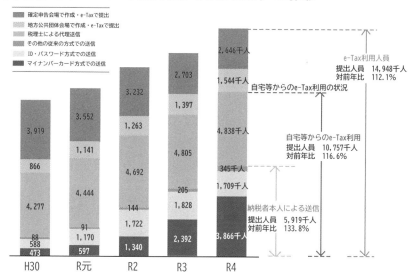

- 確定申告会場で作成・e-Taxで提出
- 地方公共団体会場で作成・e-Taxで提出
- 税理士による代理送信
- その他の従来の方式での送信
- ID・パスワード方式での送信
- マイナンバーカード方式での送信

	H30	R元	R2	R3	R4
確定申告会場で作成・e-Taxで提出	3,919	3,552	3,232	2,703	2,646千人
地方公共団体会場で作成・e-Taxで提出	866	1,141	1,263	1,397	1,544千人
税理士による代理送信	4,277	4,444	4,692	4,805	4,838千人
その他の従来の方式での送信	88	91	144	205	345千人
ID・パスワード方式での送信	588	1,170	1,722	1,828	1,709千人
マイナンバーカード方式での送信	473	597	1,340	2,392	3,866千人

e-Tax利用人員
提出人員 14,948千人
対前年比 112.1%

自宅等からのe-Tax利用の状況

自宅等からのe-Tax利用
提出人員 10,757千人
対前年比 116.6%

納税者本人による送信
提出人員 5,919千人
対前年比 133.8%

（国税庁HP「令和4年分の所得税等、消費税及び贈与税の確定申告状況等について」引用）
※紙の申告書の提出と電子申告では、電子申告の方が断然早いです。また、申告書の提出が早ければ早いほど、還付金が早くあなたの口座に戻ってきます。申告期限が3月15日までと思っている方と、年が明けてすぐに申告書を提出した方とでは、2～3か月還付金の戻りが違ってしまいます。

申告内容に誤りがあった場合の手続き

①納める税金が多過ぎた場合や還付される税金が少な過ぎた場合

　原則として法定申告期限から**5年間**は、税額の減額や還付金額の増額を求める「**更正の請求**」をすることができます。その際には、「更正の請求」の理由の基礎となる事実を記載した書類を添付する必要があります。

　なお、故意に内容虚偽の更正の請求書を提出した場合について、法律に罰則の定めがあります。

②納める税金が少な過ぎた場合や還付される税金が多過ぎた場合

　申告内容の誤りは、修正申告により訂正することができます。税務署の調査を受ける前に自主的に修正申告をすれば、過少申告加算税は課されません。

　ただし、法定納期限の翌日から納付の日までの延滞税が課される場合があります。

 5 配偶者控除（配偶者特別控除）について ────

　配偶者の年間収入が 103 万円を超えると、その収入に税金がかかり、配偶者控除も適用されなくなります。すると、収入が 103 万円未満のときよりも家計に残る額が少なくなる「逆転現象」が起こります。

　これを防ぐため、納税者の合計所得金額が 1,000 万円以下の場合は、配偶者の年収に応じて、最高 38 万円までの「配偶者特別控除」が設けられています。詳しくは、72 頁の表をご参照ください。

　世の中では、この 103 万円の話がよく話題になりますが、多様性の時代だからこそ、稼げる人は、この亡霊のようなボーダーラインに関係なく進んでいった方が、結果的に得な生活を送れるという考え方も存在することを忘れないでください。

※なお、配偶者控除・配偶者特別控除額については、第 4 章第 3 節を参照ください。

翌年の住民税のことも考えに

　いままで、会社に勤めていた方は、特別徴収として前年ベースで計算された住民税を天引き徴収されていました。しかし、結婚退社した場合、次の年はある意味では無収入となります（途中から、再度、仕事に復活された人は除きます）。その人には、前年の所得金額に基づき算定された金額が、5月15日までに個人宛に発送されます。これを普通徴収といい、6月、8月、10月、翌年の1月の末日までに個人で納付しなければなりません（ただし、住民税の非課税限度額は100万円なので、収入が98万円を超えても100万円までは課税されません。100万円を超えると、98万円を超えた額に対して税金がかかります）。

得する出産情報の
基礎知識

9種類の保護制度

　女性の退職理由の多くを占めるものに出産、育児のための退職があります。出産時にまったく休みなしでいることは不可能ですし、1日や2日の休みを取って出産できるというものではありません。出産が、女性の勤続年数が長くならない大きな原因と言われています。

　その一方で、出産後も継続的に働きたいと思う女性も多く、そのような人を保護する制度もいくつかあります。これには、母体の保護を目的としたものも多くあります。母体の保護は直接生命の保護ですから、それも当然のことと言えるでしょう。

　他方、男女平等参画社会の実現も社会にとっては大きなニーズです。**「男女雇用機会均等法」** が施行されて以来、男女の性による労働条件の法律上の区別はなくなりつつあります。以前は禁止されていた、女性の深夜労働や残業時間の制限は撤廃されました。働くうえでは男性も女性も変わりないという理由です。しかし、合計特殊出生率が現在人口を維持できなくなるまで低下し、将来の我が国を支えるはずの人が生まれてこなくなるのは大問題です。そこで政府は、妊娠中の女性や出産後の女性に対しては配慮して、妊娠、出産、育児を経ながらも継続的に働けるように制度を組み立てています。

　次の表をご覧ください。妊婦のための保護制度を簡単にまとめてみました。

● 妊婦のための保護制度

妊婦の保護	**産前休暇**(注1) (注2)(注3)	出産予定日の 6 週間前（双子以上は 14 週間前）から休む権利がある
	産後休暇 (注2)(注3)	出産後 6 週間は休む義務、最大 8 週間休む権利がある
	深夜業の制限	深夜業を拒否する権利がある （午後 10 時〜翌朝 5 時まで）
	危険業務の禁止	危険業務はしてはいけない
	重量物業務の禁止	重量物を扱う業務はしてはいけない
	時間外労働の制限	時間外労働を拒否する権利がある
	配置転換の権利	軽微な仕事への配置転換を要求する権利がある
	変形労働時間制適用の拒否	フレックスタイム以外の変形労働時間制を拒否する権利がある
	母子健康管理	医師からの指導により、時差出勤、業務中の休憩、通院時間の確保等を受ける権利がある

（注1）出産予定日より遅れて出産した場合は、遅れた日数だけ余計に産前休暇をとることができます。

（注2）会社は本人に対して給与を支給しなくても問題ありません。

（注3）産前産後休暇の期間とその後の30日間は解雇できません。

妊産婦の7つの権利

　次に、妊娠中の女性や出産後1年未満の女性に対する保護制度です。妊娠中の女性で産前休暇を取らずに働いている人に対しては、母体保護の理由でいくつかの権利や仕事の制限があります。まず、**残業や深夜の勤務**（午後10時から午前5時までの勤務）を断ることができます。**休日出勤**（法律で定められた1週間に1日の休み）も断ることができます。それから、**フレックスタイム制度**以外の変形労働時間制の適用を受けない権利もあります。

　「変形労働時間制」とは、1日8時間、1週間40時間と法律で決められた労働時間の原則を「1週間、1か月、1年などの一定の期間を平均して」1日8時間、1週間40時間になるように労働時間を調整するという制度で、よく見かけるのは正月休暇を多くとるからその代わりに忙しい時期は1週間48時間勤務（1週間6日勤務）にするなどの方法で、会社が決めた勤務日カレンダーを使っているケースです。妊娠中や産後1年未満の女性はこの制度の適用を断る権利を持っているので、仮に1週間6日勤務の週であっても最後の1日は休みにできます。ただし、フレックスタイム制は拒否することができません。

　さらに、妊娠中は医師からの指導があれば休憩を多めに取ったり、出勤時間を遅らせたり、勤務中に診察を受ける時間を会社に請求する権利があります。
　また、今までしていた仕事から、体に負担がかからない仕事へ**配置転換**を求める権利があります。しかし、会社は無理やりこのような仕事を作る必要はなく、社内の従来からある仕事のなかで配置転換すればよいことになっています。

　これらは、あくまでも本人が会社に請求して初めて認められる権利です。仮に会社に請求しなければこれらは権利として発生しません。これらの権利を行使した人に対して会社は、不利益な扱い（解雇、降格、給与の引下げなど）をすることは許されていません。

③ 妊産婦への2つの義務

　妊娠中と産後1年未満の女性に対する制限もあります。こちらは法律で決められた義務ですから、会社はこれらを守らなければなりません。ひとつは、**危険業務**に就かせることの禁止です。例えば有毒なガスが発生するような場所で仕事をさせることなどはしてはいけません。
　それと**重量物を扱う仕事**もさせてはいけません。重量物とは、通常の仕事の範囲でいえば20kg、時たまある仕事でも30kg以上の物を扱う仕事のことです。

 ## ④ 出産費用を借りることができる

　全国健康保険協会管掌健康保険の被保険者とその家族が出産すると**出産育児一時金**として1人最高50万円の支給が受けられます。しかし、手続きをしてから支給されるまで少し時間がかかります。ですから、手持のお金に余裕がないと出産費用が払えないということも起こります。

　そんな時に、全国健康保険協会で手続きをすれば、**「出産費貸付制度」**を利用できます。これは、次の1～3のすべての条件にあてはまる人に出産育児一時金見込額の8割のお金を無利子で貸してくれる制度です。

　　1. 全国健康保険協会管掌健康保険の被保険者またはその扶養家族である。
　　2. 出産育児一時金を支給される見込がある（出産育児一時金直接払制度、受取代理制度を利用しない）。
　　3. 出産予定日まで1か月以内。または、妊娠後4か月以上で医療機関に一時的な支払の必要がある。

　この制度を利用した時の返済は、出産後に支給される**出産育児一時金**から行います。

5 **育児のための制度**

　育児のための制度の一覧です。これらは、法律で会社がこれらの制度を設けるよう義務づけているものです。その他にも会社が独自に育児のための制度を設けていることもあります。また、会社は妊娠・出産に対するハラスメント（マタニティーハラスメント〈マタハラ〉）が起きないように啓発などを行うとともに、マタハラ相談窓口を設け、マタハラが起きたら迅速に対処する義務を課せられています。

　また、会社には育児休業を取得しやすい雇用環境整備、妊娠や出産の申し出をした従業員に育児休業などの制度を個別に説明したり、休業の意向を確認する業務があります。

子供の年齢	制度	内容
1歳まで	育児時間	1回30分の育児時間を1日2回育児時間をとる権利
2歳まで	育児休業	育児のための休業をとる権利（次頁参照）
3歳まで	労働時間の短縮	労働時間を1日6時間にすることができる権利
	残業の免除	残業をしないようにする権利
小学校入学まで	子の看護休暇	子供の看護のための休暇(1時間単位も可) 子供が1人の時　……年間5日間 子供が2人以上の時…年間10日間
	残業時間の制限	残業を1か月24時間以内、1年150時間以内にすることができる権利
	深夜業の免除	深夜業（夜10時から翌朝5時までの業務）をしないようにすることができる権利

6 —1　育児休業は3段階

　育児休業制度は、子が1歳になるまでの間休業することができる制度として定着していますが、法律では産後休暇期間、産後休暇から子が1歳になるまで、子が1歳以降の3段階に分かれています。

　産後休暇期間（出産後8週間）に、産後休暇をしていないもう1人の親が、出産時育児休業（産後パパ育休）を4週間（2回分割可）取得することができます。育児休業を取得するとその間は原則的に仕事に就くことができないのですが、この産後パパ育休の間は、会社が労働者代表と労使協定を締結するなど一定の条件を満たす場合には、仕事をすることもできます。

　産休期間の後から子が1歳になるまでの間は、通常の育児休業の期間に入ります。通常の育児休業の期間は夫婦の両方が同時に取得することもできますし、夫婦で時期をずらして育児休業を取得することもできます。そのため、休業は2分割することが可能です。

　1歳以降は、子が保育園に入れなかった等の場合、1歳半まで育児休業を延長でき、その後も引き続き保育園に入れなかった等の場合には2歳まで延長できます。この期間の育児休業は、1歳から1歳半まででひとくくり、1歳半から2歳まででひとくくりと見ます。それぞれのくくりの中では分割して育児休業を取得することはできませんが、夫婦で時期をずらして取得することは可能です。

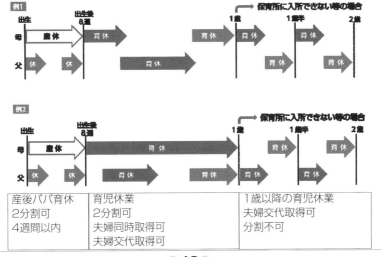

第3章　得する出産情報の基礎知識

6-2 パパ・ママ育休プラスで1歳2カ月まで育児休業

子供の両親の一方が子供が1歳になるまでの間に育児休業をとれば、その後もう一方の親が育児休業をとる場合に子供が1歳2カ月になるまで休業が認められます（パパ・ママ育休プラス）。1歳2カ月の後も保育園等に入所できなければ最長で2歳までの育児休業も認められます。

● 1歳2カ月まで育児休業が認められるパターン

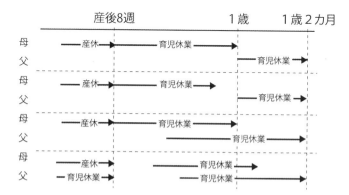

7 産前産後休業中の社会保険料免除制度

産前42日（多胎妊娠は98日）、産後56日のうち、産前産後休業を取得した期間は健康保険料と厚生年金保険料が全額免除されます。保険料が免除されている間も、通常と同じように健康保険を使って治療を受けることができます。また、厚生年金を受け取るときは休業前の給料で保険料を支払ったものとして年金額が計算されます。

産前産後休業が終わって職場復帰された時で、休業前より給料が下った場合は、職場復帰後3カ月間の平均の給料を元に4カ月目から新しい健康保険料と厚生年金保険料で計算されます（産前産後休業終了時改定）。

8 育児休業期間中の社会保険料免除制度

　育児休業の取得期間（子供が3歳までの育児休業期間に限る）は健康保険料と厚生年金保険料が全額免除されます。保険料が免除されている間も、通常と同じように健康保険を使って治療を受けることができます。また、厚生年金を受け取るときは休業前の給料で保険料を支払ったものとして年金額が計算されます。

　育児休業が終わって職場復帰された時で、休業前より給料が下った場合は、職場復帰後3カ月間の平均の給料を元に4カ月目から新しい健康保険料と厚生年金保険料で計算されます。（育児休業終了時改定）

休業等	育児休業(第1子)	就業（3歳未満の第1子を養育）	産前産後休業(第2子)
標準報酬月額	保険料免除	育児休業等終了時改定　下回る前の標準報酬月額とみなす　　特例措置の終了 実際の給与額	保険料免除

●産前産後休業終了時改定・育児休業終了時改定

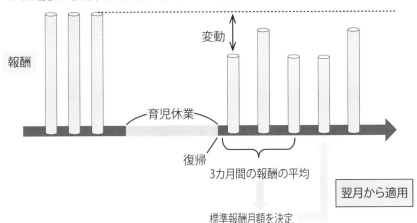

⑨ 産科医療補償制度

　産まれてきた子供が分娩に関連して重度脳性まひを発症した時は、産科医療補償制度によって、総額3,000万円の補償金が支払われる制度です。

　補償金は、一時金600万円と20回（19歳になるまで）にわたって毎年1回120万円の分割金（総額3,000万円）が支払われます。
　この制度の掛け金は、分娩機関が全額支払います。また、この制度の補償申請期間は、子供が満5歳になるまでです。

⑩ 職場でのセクハラ・マタハラ・パワハラ対策は事業主の義務

　職場でのハラスメント（嫌がらせ）は職場環境を悪化させるだけでなく、働く人の意欲の減退や職場からの逃避の原因となることもあります。そこで、法律ではどのような行為がどのハラスメントに該当するかを定め、会社に対して対策をとるように義務づけています。
　法律では色々なハラスメントの内、職場のセクハラ（セクシャルハラスメント）、マタハラ（マタニティーハラスメント）、パワハラ（パワーハラスメント）の3つのハラスメントを対象としています。

　セクハラとは、
1.職場において、労働者の意に反する性的な言動が行われ、それを拒否したことで解雇、降格、減給などの不利益を受けること。
2.職場において、労働者の意に反する性的な言動が行われ、職場の環境が不快なものとなったため、労働者が就業する上で見過すことができない程度の支障が生じること。
と定めています。

マタハラとは、

1.産前休業、育児休業などの制度や措置の利用に関する言動により就業環境が害されるもの

2.女性労働者が妊娠したこと、出産したことなどに関する言動により就業環境が害されるもの

の2種類の言動と定めています。

　また、妊娠・出産したこと、育児や介護のための制度を利用したこと等を理由として、解雇、減給、降格、不利益な配置転換、契約を更新しない等(契約社員等の場合)といった行為はハラスメントではなく「不利益取扱い」として男女雇用機会均等法、育児・介護休業法違反となります。

　パワハラとは、

　同じ職場で働く者に対して、職務上の地位や人間関係などの職場内での優位性を背景に、業務の適正な範囲を超えて、精神的・身体的苦痛を与えるまたは職場環境を悪化させる行為と定めています。

　会社はハラスメント対策として、次の3つのことを求められています。

1,ハラスメントの内容、ハラスメントが起きてはならない旨を就業規則等に記載して周知啓発をする。

2,ハラスメント相談窓口を設ける。

3,ハラスメント相談があったときはすみやかに事実確認をし、被害者への配慮、行為者への処分等を行い、再発防止の措置をとる。

　このように法律で会社への義務が決められていますが、会社がそれを守らないことも考えられます。また、会社に相談することで情報が漏れたり、不利益な取扱いにつながる恐れがあると感じることもあります。そのようなときは、都道府県労働局雇用環境・均等部（均等室）、総合労働相談コーナー、社会保険労務士会総合労働相談所、法テラス、みんなの人権１１０番（全国共通人権相談ダイヤル）等の外部の窓口でも相談を受け付けています。

都道府県労働局雇用環境・均等部（均等室）	各都道府県労働局	https://www.mhlw.go.jp/
総合労働相談コーナー	各都道府県労働局、労働基準監督署	https://www.mhlw.go.jp/
社会保険労務士会総合労働相談所	0570-064-794	https://www.shakaihokenroumushi.jp/
法テラス	0570-078374	https://www.houterasu.or.jp/
みんなの人権１１０番	0570-003-110	https://www.moj.go.jp/

出産前後にはさまざまな給付金があります。

 ① 出産育児一時金は50万円

　出産というものは病気やケガではありません。したがって、病気やケガで病院にかかったときのように費用の3割が本人負担というわけではありません。かかった費用の多寡にかかわらず全国健康保険協会管掌健康保険の場合、1児ごとに50万円となります。（在胎週数が22週に達していない等産科医療補償制度加算対象出産でない場合は48.8万円となります。）出産にかかる費用に出産育児一時金を充てることができるよう、①直接支払制度（協会けんぽから出産育児一時金を医療機関等に直接支払う仕組み）と②受取代理制度（妊婦等があらかじめ出産前に出産育児一時金を請求し、医療機関に受取を委任）が導入されています。出産にかかった費用が出産育児一時金の支給額の範囲内であった場合には、その差額が、協会けんぽから支給されます。また、出産にかかった費用が出産育児一時金の支給額を超える場合には、その超えた額を医療機関等にお支払いください。被保険者や資格喪失後6か月以内に出産した人（資格喪失前に引き続き被保険者期間が1年以上必要）には、**出産育児一時金**、被扶養者が出産したときは**家族出産育児一時金**が支給されます。

　資格喪失後、健康保険の被扶養者になった者で前記の資格喪失後の受給要件を満たしている人は、出産育児一時金と家族出産育児一時金の両方の受給資格があります。重複して受給することはできず、どちらかを選択することとなります。どちらも全国健康保険協会管掌健康保険の場合だと、どちらを選択してももらえる金額は同じです。

　国民健康保険や組合管掌健康保険の場合、50万円（在胎週数が22

●産前から育児までの給付金の流れ図

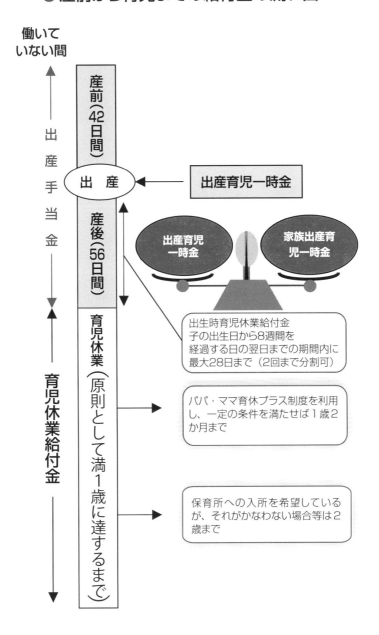

働いて
いない間

産前（42日間）

出　産　手　当　金

出　産 ← 出産育児一時金

産後（56日間）

出産育児
一時金　家族出産育児一時金

出生時育児休業給付金
子の出生日から8週間を
経過する日の翌日までの期間内に
最大28日まで（2回まで分割可）

育児休業（原則として満1歳に達するまで）

パパ・ママ育休プラス制度を利用
し、一定の条件を満たせば1歳2
か月まで

保育所への入所を希望している
が、それがかなわない場合等は2
歳まで

育児休業給付金

週に達していない等産科医療補償制度加算対象出産でない場合は48.8万円）でない場合もありますので、両方の受給資格がある場合どちらがもらう金額が多くなるのか検討してみてください。

　給付の対象となる出産とは妊娠4か月以後のことを言い、出産のほか死産、人工妊娠中絶も含まれます。また、異常分娩の場合、通常の健康保険の給付と出産育児一時金の両方を受けることができます。

 ## ② 出産手当金は、休業中給与の2／3の手当

　健康保険の被保険者が出産のため仕事を休み、給与を受けられないときは、**出産手当金**が支給されます。支給期間は、出産日（予定日より遅れた場合は予定日）以前42日（多胎妊娠の場合は98日）から、出産後56日までの間です。支給額は、1日につき支給開始月の以前12か月間の各標準報酬月額を12で割った額の2／3です。給与をもらっていればその分出産手当金は減額されます。

　国民健康保険の場合出産手当金はありません。（任意給付として支給している場合もあります）

　被保険者は出産手当金の請求手続きを、勤務している事業所を管轄する全国健康保険協会各支部で行いますが、事業主に行ってもらってもかまいません。資格喪失後に請求する場合は、住所地を管轄する全国健康保険協会各支部で行ってください。国民健康保険の出産育児一時金は住所地の市区町村で行ってください。

●産前産後休暇、最高で何日給付金が出るの？

③ 育児休業中は給与の67%の給付金

●育児休業給付金

　１歳未満（最長２歳まで）の子を養育するために、育児休業を取得した一般被保険者と高年齢被保険者に育児休業給付金は支給されます。（２回まで分割取得可）。

　☆　受給要件
　①　育児休業給付金の対象は、以下のア及びイいずれにも該当する休業です。

　　ア　被保険者から初日と末日を明らかにして行った申出に基づき事業主が取得を認めた育児休業。

　　イ　休業開始日から、当該休業に係る子が１歳（いわゆるパパ・ママ育休プラス制度を利用して育児休業を取得する場合は１歳２か月。さらに保育所における保育の実施が行われない等の場合は１歳６か月または２歳）に達する日前までにあるもの。

　②　休業開始日前２年間に、賃金支払基礎日数が１１日以上または就業した時間数が80時間以上ある完全月が12か月以上あること。

　③　一支給単位期間（休業開始日から起算して１か月ごとの期間）中の就業日数が１０日以下または就業した時間数が８０時間以下であること。（支給単位期間が１か月に満たない場合も、就業日数が１０日または80時間以下かどうかで判断）

　④　期間雇用者の場合、養育する子が１歳６か月に達する日までの間（保育所等で保育の実施が行われないなどの理由で、子が１歳６か月に達する日後の期間にも育児休業を取得する場合には、２歳に達する日までの間）に、その労働契約期間（労働契約が更新される場合は更新後のもの）が満了することが明らかでないこと。

　　支給額　＝　休業開始時賃金日額(*1)×支給日数×67%（181日目
　　　　　　　　からは50%）
　*1　休業開始時賃金日額＝休業開始前６か月間の賃金総額÷180日。

賃金総額には賞与等臨時に支払われる賃金は除かれます。
また、支給は２支給単位期間ごとに行われます。

●出生時育児休業給付金

子の出生日から８週間を経過する日の翌日までの期間内に、４週間（28日）以内の期間を定めて、当該子を養育するための産後パパ育休（出生時育児休業）を取得した一般被保険者と高年齢被保険者に出生時育児休業給付金は支給されます。（２回まで分割取得可）。

☆　受給資格
① 　育児休業給付金の対象は、以下のア及びイいずれにも該当する休業です。
ア　被保険者から初日と末日を明らかにして行った申出に基づき事業主が取得を認めた休業。
イ　「出生日または出産予定日のうち早い日」から「出生日または出産予定日のうち遅い日から８週間を経過する日の翌日まで」の期間内に４週間（28日）までの範囲で取得されたもの。
② 　休業開始日前２年間に、賃金支払基礎日数が11日以上ある（ない場合は就業した時間数が80時間以上の）完全月が12か月以上あること。
③ 　休業期間中の就業日数が10日（10日を超えた場合は80時間）以下であること。休業期間が28日間より短い場合は、その日数に比例して短くなります。
④ 　期間雇用者の場合、子の出生日（出産予定日前に子が出生した場合は出産予定日）から８週間を経過する日の翌日から６か月を経過する日までにその労働契約期間（労働契約が更新される場合は更新後のもの）が満了することが明らかでないこと。

支給額　＝　休業開始時賃金日額×支給日数（28日が上限）×67％
休業開始時賃金日額は、育児休業給付金と同じです。
また、同一の子について２回取得できますが、申請は１回にまとめて行います。

●育児休業はいくら給付金が出るの？

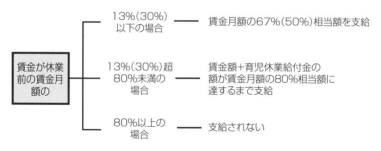

（　）内は支給率が50%(育児休業開始日から181日目以降の時)

 ④ 子ども手当から児童手当へ

「家庭等の生活の安定に寄与する」「次代の社会を担う児童の健やかな成長に資する」ことを目的に中学校修了までの国内に住所を有する児童に支給されます。

所得制限限度額未満の場合、下記の額が支給されます。

なお、所得制限限度額以上、所得上限限度額未満の場合は月5,000円の特例給付が支給されます。

支給額

3歳未満	15,000円
3歳〜12歳以下の小学生	10,000円　（第3子以降の場合は15,000円）
12〜15歳の中学生	10,000円

所得制限限度額

・夫婦と子ども1人の世帯では年収917万8,000円以上が対象
・夫婦と子ども2人の世帯では年収960万円以上が対象

所得上限限度額

・夫婦と子ども1人の世帯で年収1,162万円
・夫婦と子ども2人の世帯で年収1,200万円

※子の数え方は、18歳に達した最初の3月末までの子を基に算定します。

得する働き盛りの
基礎知識

老後に備えて資産形成
～あなたならどうします？

 ① 4種類ある公的な老後の備え

　資産形成というと、民間の金融商品を思い出しがちですが、法律で国が運営方法や運営機関を決めた、いわば公的な老後の備えのための制度があります。これらは、国が何らかの形で運営に関わっていますから、国が破産でもしない限り安全だといえます。ただし、国の制度ですから、法律が変わってしまえばそれまでです。国の制度を信用しても構わないと考える人は、これらの制度を利用するのも一つの方法です。

　公的な老後の備えは、民間のものと違っていくつか制限がありますが、共通しているのは、掛け金分だけ所得税の計算のときに所得から控除できるという点です。その他の部分は利率を含めて制度それぞれで違いがありますから、注意が必要です。特に**個人型確定拠出年金**（iDeCo）は、**企業型の確定拠出年金**との関係や、**国民年金基金**との関係で掛け金額の上限が低くなったり、場合によっては加入できないケースもあります。

　国民年金の加入者向けの公的な制度は複数あるのに対して、厚生年金の加入者向けの制度は個人型確定拠出年金しかないことに気付かれたでしょうか。これは、国民年金の加入者には老後の年金として基礎年金しかないのに対して、厚生年金の加入者には基礎年金の他に厚生年金があるからなのです。また、厚生年金加入者は会社に雇われている人が対象ですから、会社が**企業年金**や**企業型確定拠出年金**等の制度に独自に加入していることも多く、国民年金だけの人が老後の備えの点で不利にならないように考えられているのです。

　自営業を営んでおられる人から「私は国民年金しか加入できなかったから年金は少ししか貰えない。サラリーマンが羨ましい」と嘆きを聞くことがありますが、そんなことはありません。国民年金の加入者も老後に備えるための制度があるのです。よく勉強して自分のライフスタイルに合った老後の備えをしてください。

●公的な老後の備え

名称	個人型確定拠出年金	国民年金付加年金	国民年金基金	小規模企業共済
掛け金額	月5,000円〜68,000円	月400円	月6,370円〜68,000円	月1,000円〜70,000円
加入できる人	60歳未満の国民年金第1号、第2号、第3号被保険者、60歳以上65歳未満の国民年金任意加入者	国民年金第1号被保険者	国民年金第1号被保険者	小規模事業の事業主
加入できない人	国民年金保険料免除者農業者年金の加入者	第3号被保険者、国民年金基金加入者	第3号被保険者、付加年金加入者国民年金保険料免除者	小規模事業の事業主以外
特徴	掛け金の運用は自己責任、60歳以降支給	200円×納付月数が国民年金に加算して支給される	国民年金に加算して支給される	貸し付け制度などあり
税金	掛け金は全額所得控除	掛け金は全額所得控除	掛け金は全額所得控除	掛け金は全額所得控除
窓口	銀行、保険会社、証券会社、郵便局等の金融機関	市町村の国民年金担当窓口	都道府県国民年金基金	商工会議所、商工会等

② 個人型確定拠出年金（iDeCo）

　個人型確定拠出年金は、原則60歳（60歳から75歳の間で本人が選択）になってから支給されますが、年金の額がどれだけになるのかは本人の選択した資金運用方法によって異なります。

　また、加入者が**国民年金**の保険料を滞納したり保険料免除になった場合には、掛け金を拠出できなくなりますので、資金の運用方法を指示するだけになります。その時に、一定の条件に該当すれば掛け金は**脱退一時金**として受け取ることもできます。

　確定拠出年金が他の年金等と大きく異なる点は、加入時や加入期間中、年金を受け取る時等には、手数料を支払う必要があることです。ですから、運用益が少ないと手数料の方が高くなり持っている資産が減っていくこともあり得ます。それに加えて掛け金の運用は金融機関が指定する金融商品から自分で商品とその商品の投資額を選択します。商品の中には、元本割れを起こさない貯金のようなものもあります。逆に元本

割れリスクが高い代わりに高い利率が見込まれる商品も用意されています。まさに自己責任で老後の備えを準備することになります。

　なお、個人型確定拠出年金の加入者が、企業の確定拠出年金に加入した場合は、積立てた資産をそのまま企業の確定拠出年金に移すことができます。

●個人型確定拠出年金の掛け金限度額

国民年金第1号被保険者	国民年金基金、付加年金との合算で月額68,000円
国民年金第3号被保険者	月額23,000円
企業型確定拠出年金、確定給付企業年金に加入していない民間企業のサラリーマン	月額23,000円
企業型確定拠出年金に加入している民間企業のサラリーマン	月額20,000円
企業型確定拠出年金と確定給付企業年金に加入している民間企業のサラリーマン、公務員、私学共済に加入している人	月額12,000円（2024年12月から20,000円）
確定給付企業年金に加入している人	月額12,000円（2024年12月から20,000円）

　企業型確定拠出年金に加入している人が、個人型確定拠出年金に加入するには、企業型確定拠出年金の規則で、個人型確定拠出年金の加入を認めている場合に限ります。

3 国民年金付加年金

　付加年金は国民年金の保険料と同時に400円を上乗せして納付します。ですから、国民年金の保険料を納付している人しか加入できません。
　給付は国民年金の給付に200円を上乗せして行われます。

　　付加年金を1年掛けた場合の概算

　　掛け金（年間）＝400円×12カ月＝4,800円
　　給付額（年間）＝200円×12カ月＝2,400円

　一見すると掛け金の半分しか給付されないように見えますが、付加年金は国民年金が支給されている間中支給され続けますので、2年を超えて国民年金を給付されると元本を超えて支給されます。

 ## 4 国民年金基金

　国民年金基金は、国民年金の第1号被保険者（60歳以上65歳未満の国民年金任意加入の人も含む）が加入できます。加入する年齢や性別、給付時に欲しい金額によって毎月の掛け金が異なります。
　掛け金の種類はいくつものパターンがあります。

●男性基本Ｂ型のみ（最も掛け金が少ないタイプ）の場合

加入年齢	掛け金月額（円）	給付月額（円）
20歳0ヵ月	6,370	20,000
25歳0ヵ月	7,600	20,000
30歳0ヵ月	9,250	20,000
35歳0ヵ月	11,580	20,000
40歳0ヵ月	11,340	15,000
45歳0ヵ月	15,795	15,000

小規模企業共済

小規模企業共済は、小規模事業主だけが加入できます。事業主向けの共済制度なので、他の3つとは異なり、老齢による給付の他にも事業の廃止の場合にも給付金が支給されます。

また、老齢給付の対象年齢である65歳を過ぎても掛け金を納めることができます。

共済から事業資金などを借りることもできます。

●小規模企業共済を毎月1万円掛けた場合の給付概算

加入年数	事業廃止等の時 (円)	老齢給付を受け る時　　(円)	掛け金合計 (円)
20	2,786,400	2,658,800	2,400,000
25	3,620,200	3,415,200	3,000,000
30	4,348,000	4,211,800	3,600,000
35	5,050,800	5,050,800	4,200,000

小規模企業共済は、一括で給付を受けることもできますし、条件によっては分割で給付を受けることもできます。

① どうしたらなれる被扶養配偶者（第3号被保険者）──

　年収が130万円（60歳以上の場合180万円）以上見込まれるときは、働く時間が短くても健康保険 **（厚生年金）** で**被扶養配偶者**（第3号被保険者）になることはできません。その場合、健康保険・厚生年金適用事業所で一般社員の所定労働時間の3/4以上(＊1)働いていれば健康保険被保険者（厚生年金被保険者）に、そうでなければ国民健康保険（国民年金第1号被保険者）へ加入することになります。年収が130万円（60歳以上の場合180万円）未満でも厚生年金・健康保険適用事業所で一般社員の所定労働時間の3/4以上(＊1)働けば、加入要件を満たしますので、健康保険被保険者（第2号被保険者）となってしまいます。したがって、健康保険（厚生年金）で被扶養配偶者（国民年金第3号被保険者）になろうと思えば、年収見込額が130万円（60歳以上の場合180万円）未満、かつ一般社員の週所定労働時間の3/4未満(＊1)の労働ということになります。

＊1……被保険者数 101 人以上の適用事業所（特定適用事業所）または被保険者数 100 人以下で従業員の 1/2 以上の同意を得て任意特定適用事業所に該当している場合で、下記のすべてに当てはまっている場合、健康保険、厚生年金の被保険者となります。
　　・雇用期間が 2 か月を超えて使用される見込み　　・所定労働が週 20 時間以上
　　・賃金の月額が月 88,000 円以上　　　　　　　　・昼間の学生でない

② 自ら加入と被扶養者どっちが得？ ─────────

　健康保険も年金も、被扶養配偶者にならず自ら加入すると、保険料負担はその分増加します。
　また、健康保険の給付では、私傷病で休んだときの傷病手当がでるかどうかの違いがあるくらいです。年金給付では、第1号被保険者になった場合も、被扶養配偶者（第3号被保険者）になった場合も**老齢基礎年金**のみであり、将来受け取る年金給付に差がありません。厚生年金に加

入し第2号被保険者になると、老齢基礎年金に加え、将来厚生年金として受け取れる年金額が増加します。また、万が一障害者になったり、死亡した場合も**障害厚生年金**や**遺族厚生年金**を受け取ることもできます。

●フローチャートでわかる健康保険扶養になるならない
配偶者がサラリーマン（国民年金第2号被保険者・健康保険被保険者）の場合

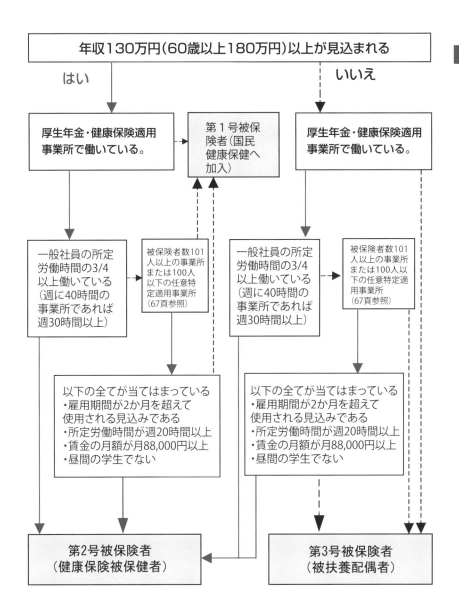

年収130万円(60歳以上180万円)以上が見込まれる

はい　　　　　　　　　　　　　いいえ

厚生年金・健康保険適用事業所で働いている。

第1号被保険者（国民健康保健へ加入）

厚生年金・健康保険適用事業所で働いている。

一般社員の所定労働時間の3/4以上働いている（週に40時間の事業所であれば週30時間以上）

被保険者数101人以上の事業所または100人以下の任意特定適用事業所（67頁参照）

一般社員の所定労働時間の3/4以上働いている（週に40時間の事業所であれば週30時間以上）

被保険者数101人以上の事業所または100人以下の任意特定適用事業所（67頁参照）

以下の全てが当てはまっている
・雇用期間が2か月を超えて使用される見込みである
・所定労働時間が週20時間以上
・賃金の月額が月88,000円以上
・昼間の学生でない

以下の全てが当てはまっている
・雇用期間が2か月を超えて使用される見込みである
・所定労働時間が週20時間以上
・賃金の月額が月88,000円以上
・昼間の学生でない

第2号被保険者（健康保険被保健者）

第3号被保険者（被扶養配偶者）

共働きのための税金

 ① 配偶者がパート収入のみの場合

　例えば、夫が会社員、妻がパートで働いている場合、税金の面で次の2つのことが問題となります。

　なお、税金面以外にも、社会保険上の扶養（社会保険料の問題）や、夫が会社から扶養手当などをもらっている場合、妻の収入により扶養から外れたり、手当をもらえなくなることもあります。その点も合わせて確認すると良いでしょう。

（1）妻（配偶者）自身の所得税・住民税の問題

　パート収入は、通常給与所得となります。したがって、年収から給与所得控除額を差し引いた残額が給与所得の金額となります。給与所得控除額は、最低で55万円ですから所得税の場合には基礎控除（48万円）をプラスした**103万円であれば、所得税はかかりません。**

　住民税の場合も、給与所得控除は最低で55万円となります。しかし、基礎控除の金額が所得税と異なりますので、基本的には非課税限度額を45万円としています。そのため、**年収が100万円であれば住民税もかかりません。**しかし、自治体によっては非課税限度額が異なりますので、お住まいの自治体に確認してみてください。

（2）夫（納税者本人）の配偶者控除・配偶者特別控除の問題
① 配偶者控除

　妻の年収が103万円（合計所得が48万円）以下で、**夫の年収が1,095万円以下であれば、38万円の配偶者控除を受けることができます。**

　また、今までは、控除対象配偶者がいる場合は、夫の所得金額に関

係なく一律38万円の控除が適用されていましたが、2017年度税制改正により、新たに夫の所得金額に制限が設けられました。そして、**夫の所得金額により配偶者控除の金額が異なる**こととなりました。

② 配偶者特別控除

　妻の年収が103万円（合計所得48万円）を超える場合は、配偶者特別控除を受けることができます。配偶者特別控除は、最高で38万円になります。また、年収201.6万円未満であれば、控除金額は少なくなりますが配偶者特別控除を受けることができます。

　なお、配偶者控除と同様に、**夫の所得金額に応じて控除額が異なります。**

配偶者控除・配偶者特別控除の適用要件

⑴控除を受ける人の、その年における合計所得金額が、1,000万円以下であること。

⑵配偶者が以下の要件をすべて満たすこと。

　①民法の規定による配偶者であること。（内縁関係の場合は該当しません）

　②控除を受ける人（納税者）と生計を一にしていること。

　③その年に青色申告者の事業専従者としての給与の支払を受けていないこと、または白色申告者の事業専従者でないこと。

　④他の人の扶養親族となっていないこと。

　⑤配偶者控除の場合：配偶者の年間の合計所得金額が48万円以下であること。

＜配偶者控除・配偶者特別控除と納税者本人の所得制限＞2020年以降

納税者本人（夫）の給与収入	配偶者控除 ~103万円 (~48万円)	老人配偶者控除 ~103万円 (~48万円)	配偶者特別控除									
			~150万円 (~95万円)	~155万円 (~100万円)	~160万円 (~105万円)	~166.8万円未満 (~110万円)	~175.2万円未満 (~115万円)	~183.2万円未満 (~120万円)	~190.4万円未満 (~125万円)	~197.2万円未満 (~130万円)	~201.6万円未満 (~133万円)	201.6万円超 (133万円超)
			←				配偶者の給与収入					→
~1,095万円 (~900万円)	38万円	38万円	38万円	36万円	31万円	26万円	21万円	16万円	11万円	6万円	3万円	0円
~1,145万円 (~950万円)	26万円	26万円	26万円	24万円	21万円	18万円	14万円	11万円	8万円	4万円	2万円	0円
~1,195万円 (~1,000万円)	13万円	13万円	13万円	12万円	11万円	9万円	7万円	6万円	4万円	2万円	1万円	0円
1,195万円超 (1,000万円超)	0円	0円	0円	0円	0円	0円	0円	0円	0円	0円	0円	0円

注）・老人控除対象配偶者とは、控除対象配偶者のうち、その年12月31日現在の年齢が70歳以上の人を言います。
　　・（　）内の金額は、合計所得金額を示しています。

② 配偶者に給与所得以外の所得がある場合

　給与所得以外にも不動産所得や一時所得、譲渡所得などがある場合でも、年間の合計所得金額※が48万円以下であれば配偶者控除が、133万円以下であれば配偶者特別控除が受けられます（夫の合計所得が1,000万円以下の場合）。

　　例）給与収入80万円、不動産所得10万円の場合（夫の合計所得：
　　　　1,000万以下のケース）
給与収入（80万円）― 給与所得控除（55万円）＝給与所得（25万円）
給与所得（25万円）＋ 不動産所得（10万円）＝**合計所得金額（35万円）**
　この例ですと、合計所得金額が48万円以下ですから、この場合は配偶者控除が受けられます。

※合計所得金額とは、各種所得（10種類・右の表を参照）の合計金額です。

●各種所得について

利子所得	公社債・預貯金の利子等による所得
配当所得	利益の配当、剰余金の分配等による所得
不動産所得	不動産等の貸付による所得
事業所得	事業による所得
給与所得	給料・賃金等による所得
退職所得	退職手当等による所得
山林所得	山林の伐採・譲渡等による所得
譲渡所得	資産の譲渡等による所得
一時所得	懸賞等による所得
雑所得	上記以外の所得

③ 配偶者特別控除は夫婦でダブルはダメ

　サラリーマンの配偶者特別控除は年末調整で受けることができますので、**「給与所得者の基礎控除申告書 兼 給与所得者の配偶者控除等申告書 兼 所得金額調整控除申告書」**を勤務先に提出してください。

　なお、配偶者特別控除は、夫婦の間でお互いに受けることはできません。

① 住宅ローン控除の見直し

　2050年カーボンニュートラルの実現に向けた観点等を踏まえ、住宅ローン控除等の見直し等が行われました。特に本格的な人口減少・少子高齢化社会が到来するなか、社会環境の変化等に対応した豊かな住生活を実現するためには、住宅の省エネ性能の向上、長期優良住宅の取得の促進、既存の住宅ストックの有効活用・優良化を図ることが重要という観点から、2022年度税制改正が行われました。ポイントとしては、以下があげられます。
・適用期限が4年延長され、2025年12月31日までの入居者が対象
・控除期間は新築13年、中古住宅10年
・控除率を借入残高の1%から0.7%に縮減
・所得要件（合計所得金額）は3,000万円から2,000万円以下に引き下げ
・省エネ性能等の高い認定住宅等について、借入限度額を上乗せする
・2024年以降に建築確認を受ける新築住宅について、省エネ基準適合を要件化

② 新しいNISA制度の導入

　税制改正により、2024年から新しい仕組みのNISAがスタートすることとなりました。
　現行非課税保有期間について、「一般NISA」は5年間、「つみたてNISA」は20年間となっています。非課税保有期間を無期限とされました。詳しくは、87頁〜88頁をご参照下さい。

③ 「大口株主等」の要件見直し

　2022年度税制改正により、同族会社※の保有数を合算して持株割合を判定し、大口株主等※か否かを判定することになりました（2023年10月1日以後に支払を受ける配当等に適用）。大口株主等に該当すると、配当を受け取る際に20.42％の税率で源泉徴収され、原則として総合課税の対象となり確定申告が必要となります。

　この改正は、同族会社である法人を通じて上場株式等の持分割合を3％以上保有している者と個人のみで上場株式等の持分割合を3％以上保有している者と比較した際に、所得税の負担が異なることから課税の公平性が担保されていないといった指摘があったためです。株式配当の税金については、86頁をご参照ください。

　※同族会社：同族会社とは、株主等3人以下ならびに同族関係者（当該会社と特殊な関係にある個人や法人）が有する株式等が、その会社の発行済株式の総数または総額の50％超に相当する会社

　※大口株主等：内国法人の上場株式等の発行済株式総数等の3％以上の株式又は出資等を有する個人株主

④ 上場株式等の配当所得等に係る課税方式の改正（住民税）

　今までは上場株式等の配当に関しては、所得税と住民税とでそれぞれ異なる課税方式を選択することができました。所得税では、上場株式等の譲渡益（譲渡所得）は、「申告不要」「申告分離課税」の2つの方式を選択することができました。また、上場株式の配当（配当所得）であれば、「申告不要」「申告分離課税」「総合課税」の3つの方式を選択することができます。例えば、上場株式の配当であれば、所得税は「総合課税」、住民税は「申告不要」を選択することも可能でした。

　しかし、2022年度の改正により、所得税の課税方式と住民税の課税方式を一致させなければならないこととなりました。この改正は、2024年度分以降の個人住民税に適用されるため、2023年度の確定申告については、所得税と住民税とで異なる課税方式を選択することができます。

第5節 消費税制度

　消費税および地方消費税の税率は、1997年に5％、2014年度に8％、2019年10月には10％というように引き上げが行われてきました。特に2019年10月からは、消費税制度も大きく変わります。

　従来は、単一税率でしたが、軽減税率制度の実施により、8％と10％の税率が混在することとなります。消費者への影響も大きいですが、事業者にとっても大きな影響があります。システムの変更・導入などによるコスト増加、さらには段階を経てインボイス制度の実施などもあり事務作業がより複雑になり、かつ細かいものが求められるようになります。今後も、単純な税率引き上げだけではなく、さらに細分化複雑化していくと思いますので注意したいところです。

① 軽減税率制度

（1）軽減税率制度の概要

　軽減税率制度とは、当該制度の対象品目の譲渡について、8％の軽減税率を適用するという制度です。対象品目は、①**飲食料品**、②**新聞**が該当します。①飲食料品とは、食品表示法に規定する食品（ただし、酒類は除きます。）が該当します。しかし、外食やケータリング等は、軽減税率の対象品目には含まれません。さらに、②新聞については、一定の題号を用い、政治、経済、社会、文化等に関する一般社会的事実を掲載する週2回以上発行されるもので、定期購読契約に基づくもののみが対象となります。

（国税庁リーフレットより引用）

例）ファストフード店等　⇒　店内で飲食する場合　→　10%
　　　　　　　　　　　　　テイクアウトの場合　→　8%

※外食とは…①テーブル、椅子、カウンター等の飲食に用いられる設備のある場所において、②飲食料品を飲食させるサービスの提供をいいます。

（2）一体資産（おもちゃ付きのお菓子など）は軽減税率の対象？

　一体資産とは、食品と食品以外の資産があらかじめ一体となっている資産で、その一体となっている資産に係る価格のみが提示されているものをいいます。例えば、おもちゃ付きのお菓子やお茶とカップのセット商品などのことをいいます。これらは、原則として軽減税率の対象となりません。しかし、例外として軽減税率の対象となる場合があります。

　軽減税率の対象となる場合は、①一体資産の販売金額（税抜き）が1万円以下であり、②一体資産の価額に含まれる食品の割合が2/3以上となるものです。①の要件をクリアする一体資産は多いかもしれませんが、②の要件を満たさない商品もでてきます。某メーカが販売しているカード付きのポテトチップスは、軽減税率の対象とはならず10%が適用されます。このように、一体資産については8%のものと10%のものが混在することとなります。

② あなたは免税か課税か？

　近年、働き方の多様化が進み、起業をする人、個人で事業を営む人（個人事業主）、サラリーマンをしながら個人事業を営む人もいます。その場合は、消費税に気を付けてください。事業を行っているかぎり、消費税は原則的にはすべての人が納めなければなりません。ただし、消費税の集計・計算はかなり細かい事務作業を伴うため、中小零細事業者の特例として免税点制度が設けられています。つまり免税点以下に該当する事業者は、消費税を納めなくても良いという制度です。

　基準期間（2年前）の課税売上高が1,000万円を超えていたら消費税を納めなければなりません。

　また、基準期間の課税売上高が1,000万円以下や基準期間がない場合でも特定期間（前年の上半期の6カ月間）の課税売上高、給与総額と

もに1,000万円を超えていたら消費税を納めなければなりません（下の図を参照）。

●個人事業主の場合

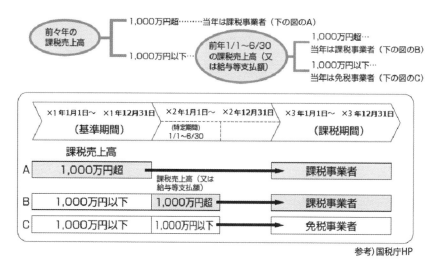

参考）国税庁HP

　さらに、新設法人の場合、資本金の額または出資金の額によっては設立１期目から課税事業者となる可能性があります。資本金の額または出資金の額が、1,000万円以上の場合は課税業者となりますのでご注意ください。

　また、その事業年度の基準期間がない法人で、その事業年度開始の日における資本金の額又は出資の金額が1,000万円未満の法人（新規設立法人）のうち、次の①、②のいずれにも該当するもの（特定新規設立法人）については、当該特定新規設立法人の基準期間のない事業年度に含まれる各課税期間における課税資産の譲渡等について、納税義務が免除されないこととなりました。

①	その基準期間がない事業年度開始の日において、他の者により当該新規設立法人の株式等の50％超を直接又は間接に保持される場合など、他の者により当該新規設立法人が支配される一定の場合（特定要件）に該当すること。

②	上記①の特定要件に該当するかどうかの判定の基礎となった他の者及び当該他の者と一定の特殊な関係にある法人のうちいずれかの者（判定対象者）の当該新規設立法人の当該事業年度の基準期間に相当する期間（基準期間相当期間）における課税売上高が5億円を超えていること。

 ## ③ 簡易課税と本則課税どっちが有利

　消費税の納税額の計算は、売上と一緒に預かった消費税額から仕入や経費で支払った消費税を細かく集計していき計算されるため、かなり細かい事務作業を伴います。そこで、中小零細事業者の特例として簡易課税という計算方式が設けられています。この方式は、基準期間（2年前）の課税売上高が5,000万円以下の場合に適用することができます。また、適用したい場合はその前年中までに税務署へ届出をしなければなりません。

　どちらを選択するかで税額が大きく変わってきますが、後から届出を出すことはできませんので、後悔しないためにもご自分が5,000万円以下に該当するかどうか、また該当する場合はどっちの計算方式が得になりそうかを検討しておいてください。

消費税の計算方式（本則課税）

$$納付税額 = 課税売上高（税抜）×消費税率 - 課税仕入高（税抜）×消費税率$$

仕入税額控除

消費税の計算方式（簡易課税）

$$納付税額 = 課税売上高（税抜）×消費税率 - 課税売上高（税抜）×消費税率×みなし仕入率$$

④インボイス制度（適格請求書等保存方式）

（1）概要

　2023年10月1日からインボイス制度が始まりました。インボイス制度は免税事業者だけでなく、仕入税額控除を受ける課税事業者にも影響しますので、事業を行う方なら誰でも知っておきたい制度です。

　インボイス（適格請求書）とは、売手が買手に対して、正確な適用税率や消費税額等を伝えるものです。様式は、法令等で定められておらず下記①～⑤が記載されたものであれば、名称を問わず（手書きも可）適格請求書に該当します。なお、不特定多数の者に対して販売等を行う小売業・飲食店業・タクシー業等に係る取引については、適格簡易請求書でも可能です。

　インボイス制度では、売手であるインボイス発行事業者は、買手である取引相手（課税事業者）から求められたときは、インボイスを交付しなければなりません（交付したインボイスの写しを保存しておく必要があります）。

〔インボイスの交付義務が免除される場合〕

　①公共交通機関である船舶、バス又は鉄道による旅客の運送（3万円未満）

　②出荷者等が卸売市場において行う生鮮食料品等の譲渡（出荷者から委託を受けた受託者が卸売の業務として行うものに限る）

　③生産者が農業協同組合、漁業協同組合又は森林組合等に委託して行う農林水産物の譲渡（無条件委託方式かつ共同計算方式により生産者を特定せずに行うものに限る）

　④自動販売機・自動サービス機により行われる課税資産の譲渡等（3万円未満）

　⑤郵便切手を対価とする郵便サービス（郵便ポストに差し出されたものに限る）

※1万円未満の返品や値引きについては、返還インボイスの交付が不要です。

　他方、買手が仕入税額控除の適用を受けるためには、原則として、取引相手（売手）であるインボイス発行事業者から交付を受けたインボ

イス及び帳簿の保存などが必要となります。

　なお、基準期間の課税売上高が１億円以下又は特定期間における課税売上高が５千万円以下の事業者が、2029年9月30日までの間に行った税込１万円未満の仕入れについては、インボイスがなくても一定の事項を記載した帳簿のみを保存すれば仕入税額控除が可能です。

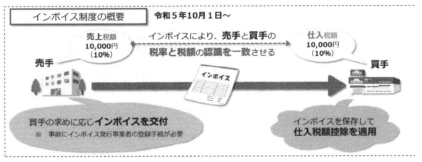

(国税庁リーフレットより引用)

（2）インボイス発行事業者の登録と取消し

　課税事業者であってもインボイスを発行するためには「インボイス発行事業者（適格請求書発行事業者）」になる必要があります（登録すると免税事業者であっても課税事業者となります）。また、免税事業者が「インボイス発行事業者」となるためには、登録申請書に申請書の提出日から15日以降の登録希望日を記載すれば、その希望日からインボイス登録事業者（と同時に課税事業者）となります。

　他方、翌課税期間からインボイス発行事業者の登録を取りやめたい場合は、翌課税期間の初日から15日前までに取消届出書を提出することで可能です。なお、この登録の取消しをしても、自動的に免税事業者となるわけではありませんので注意が必要です。

（3）インボイス制度導入後の税額計算

　2023年10月1日以降も、売上税額から仕入税額を控除して消費税額を計算するという方法は変わりませんが、次の組合せによる計算しか認められません。

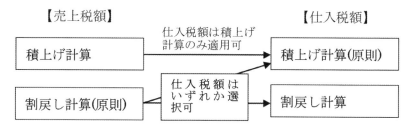

・積上げ計算…適格請求書に記載されている消費税額を積み上げて計算する方法
・割戻し計算…適用税率ごとの取引総額を割り戻して計算する方法

①売上税額の計算

原則 （割戻し計算）	税率ごとに区分した課税期間中の課税売上（税込）の合計額に、110分の100（軽減税率の場合は108分の100）を乗じて税率ごとの課税標準額を算出し、それぞれの税率（7.8%又は6.24%）を乗じて売上税額を計算します。 ①軽減税率分の売上税額＝軽減税率分の課税売上（税込）×100/108×6.24/100 ②標準税率分の売上税額＝標準税率分の課税売上（税込）×100/110×7.8/100 ③売上税額の合計額＝①＋②
特例 （積上げ計算）	相手方に交付した適格請求書等を保存している場合には、課税期間中のそれらの書類に記載した消費税額等の合計額に100分の78を乗じて算出した金額を売上税額とすることができます。 この方法が選択できるのは、適格請求書発行事業者に限られます。 売上税額の合計額＝適格請求書記載の消費税額の合計額×78/100

②仕入税額の計算

原則 (積上げ計算)	相手方から交付を受けた適格請求書等に記載されている消費税額等のうち課税仕入れに係る部分の金額の合計額に、100分の78を乗じて仕入税額を算出します。 仕入税額の合計額＝適格請求書記載の消費税額のうち課税仕入れに係る部分の合計額×78/100
特例 (割戻し計算)	課税期間中の課税仕入れに係る支払対価の額を税率ごとに合計した金額に、110分の7.8（軽減税率の場合は108分の6.24）を乗じて仕入税額を計算します。 ①軽減税率分の仕入税額＝軽減税率分の課税仕入（税込）×6.24/108 ②標準税率分の仕入税額＝標準税率分の課税仕入（税込）×7.8/110 ③仕入税額の合計額＝①＋②

（3）経過措置と小規模事業者に対する負担軽減措置（2割特例）

　インボイス制度が導入されると買手側にとっては免税事業者から仕入れた分については仕入税額控除ができなくなります。そのような劇的な変化をしないように一定期間、免税事業者からの仕入れについて、2026年9月30日までの仕入れは80%、2029年9月30日までの仕入は50%まで仕入税額控除が可能とする経過措置が設けられています。

　他方、売手である小規模事業者がインボイス発行事業者となった場合、2026年9月30日を含む課税期間まで、仕入税額控除の金額を売上税額の80%とする負担軽減措置が設けられています。

＜インボイス（適格請求書）の記載事項＞

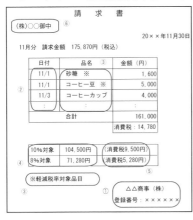

①適格請求書発行事業者の氏名又は名称及び登録番号

②取引年月日

③取引内容(軽減税率の対象品目である旨)

④税率ごとに区分して合計した対価の額及び適用税率）
　税抜き又は税込み及び適用税率

⑤税率ごとに区分した消費税額等

⑥書類の交付を受ける事業者の氏名又は名称

※電子インボイスについて

　適格請求書の記載内容を電磁的記録（電子データ）で提供したものを、「電子インボイス」といいます。紙媒体での交付・保存も可能ですが、電子データで提供・保存を行うこともできます。電子データの形式による提供方法としては、EDI取引による提供や電子メールによる提供、インターネット上のサイトを通じた提供が提示されています。また、売手側と買手側どちらの場合でも、データのまま保存する際には、電子帳簿保存法の要件に従って保存することが求められます。

　注）EDI取引とは、異なる企業・組織間で商取引に関連するデータを、通信回線を介してコンピューター間で交換する取引等のことをいいます。

　現在、預貯金は低金利状態であるため、ただ単に貯金のみで資産を増やすのは難しい状況です。そこで今ある資産を有効に運用し、資産を増やすということも選択肢の1つになると思います。資産運用には、株式や投資信託の売買で得られる譲渡益、株式を保有していることで得られる配当金や投資信託で得られる分配金、商品先物取引やFXなどに係る利益などがあります。さらに、iDeCoなどの積立額が所得控除の対象となるような、税金対策に有効な資産運用商品もあります。また、2024年よりNISAの税制改正があり、かなりの金額が運用できるようになりました。ただし、資産運用については、資金の管理やリスクがあることも、しっかりと理解しておくことが必要です。

 ① 株式の売買

　上場株式を譲渡して譲渡益が生じた場合は、譲渡所得に該当し確定申告が必要となります。しかし、現在では、確定申告が不要な口座もあり、手続きが簡単になっています。また、譲渡益については、他の所得と合算をしない**申告分離課税が適用**されます。そのため、**一律で20.315%**（所得税15%〈復興特別所得税を含むと15.315%〉と住民税5%の合計額。以下同じ）の税金がかかることになります。

　まず、上場株式の売買を行う際には、証券会社等の金融商品取引業者等を通じて取引を行うと思いますが、まず特定口座か一般口座かを選択します。

（1）特定口座

　特定口座は、源泉徴収口座と簡易申告口座があります。**源泉徴収口座**とは、譲渡益が生じた場合に金融商品取引業者等が源泉徴収を行うため、**確定申告の必要がありません**。また、年間でいくらの譲渡損益が生じたかの特定口座年間取引報告書を交付します。

確定申告をした方が良いケース

・損失となった場合：生じた損失を3年間繰り越すことができます。

・複数の証券会社等を利用しているケースで、1つは損失、1つは譲渡益が生じている場合：損益通算ができます。

　一方で、**簡易申告口座**では金融商品取引業者等が特定口座年間取引報告書を交付しますが、源泉徴収はされないため各自で**確定申告をする必要**があります。

（2）一般口座

　一般口座の場合は、自身で年間の譲渡損益を計算して、確定申告をする必要があります。

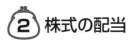 株式の配当

　株式を所有している場合は、配当がもらえる場合があります。配当を受けた場合は、配当所得に該当します。上場株式等の配当（大口株主は除きます。）については、配当を受けた際に20.315%の税率で源泉徴収がされます。したがって、基本的には確定申告の必要はありません。

　しかし、特定口座内で株式の譲渡を行い損失が生じた場合は、確定申告をすれば損益通算を行うことができます（特定口座の種類と配当金の受取方法によって手続きが異なります。）。この場合は、申告分離課税に該当しますので、20.315%の税率が適用となります。

　また、配当所得の場合は総合課税と申告分離課税を選択することができます（「大口株主等」に該当する場合は、総合課税）。総合課税を選択した場合は、配当控除の適用がありますが、税率は累進税率の適用となります。

〈上場株式等の譲渡（売買）・配当に関する課税まとめ〉

	確定申告をする		確定申告をしない
	総合課税	申告分離課税	（確定申告不要制度適用：特定口座・源泉徴収あり）
上場株式等の譲渡益	×	○	○
上場株式等の配当	○	○	○
所得税率	累進税率 （5%〜45%）	15.315%	
配当控除	○	×	×
住民税率（所得割）	10%	5%	5%
上場株式等の譲渡損失との損益通算	×	○	×
扶養控除等の判定	合計所得金額に含まれる	合計所得金額に含まれる※	合計所得金額に含まれない

※上場株式等に係る譲渡損失と申告分離課税を選択した上場株式等に係る配当所得との損益通算の特例の適用を受けている場合にはその適用後の金額、上場株式等に係る譲渡損失の繰越控除の適用を受けている場合にはその適用前の金額になります。

③ NISA（少額投資非課税制度）

　通常、株式や投資信託などの金融商品に投資をした場合、売却時に得た利益や配当に対して20.315%の税金がかかります。しかし、NISAは「NISA口座（非課税口座）」内で毎年一定金額の範囲内で購入した上記の利益や配当が非課税になる（税金がかからない）制度です。2014年1月から開始した制度ですが、税制改正により、2024年から新しい仕組みのNISAがスタートすることとなりました。

　現行の非課税枠と保有期間については、「一般NISA」は年間120万円で5年間、「つみたてNISA」は年間40万円で20年間となっています。そして、「一般NISA」と「つみたてNISA」のどちらか1つしか選ぶことができません。しかし改正後は、現行の「一般NISA」と「つみたてNISA」に変わって、「つみたて投資枠」と「成長投資枠」が設定されます。「つみたて投資枠」は年間120万円、「成長投資枠」は年間240万円で、「つみたて投資枠」と「成長投資枠」の併用が可能となり、年間投資上限額は両枠合計で360万円になります。非課税保有限度は、現行の1,400万円から、1,800万円（うち「成長投資枠」は1,200万円まで）となります。　年間投資枠も「非課税保有限度額（総額）を1,800万円となります。

　改正後は「資産所得倍増」「貯蓄から投資へ」の観点から、両NISAについて、これにより、より長期の投資が可能となり、ロールオーバーなどの面倒な手続きも不要になります。

　なお当該改正により、利用実績が乏しいジュニアNISAについては、新規の口座開設が2023年9月で終了し、2024年1月以降は新規購入ができないこととされました。

第４章　得する働き盛りの基礎知識

①2023年までの制度概要

	NISA（20歳以上）		ジュニアNISA(20歳未満)
	一般NISA	つみたてNISA	
制度開始	2014年1月から	2018年1月から	2016年4月から
非課税保有期間	5年間	20年間	5年間 ※ただし、2023年末以降に非課税期間が終了するものについては、20歳まで非課税で保有を継続可能。
年間非課税枠	120万円	40万円	80万円
投資可能商品	上場株式・ETF・公募株式投信・REIT等	長期・積立・分散投資に適した一定の投資信託 ※金融庁への届出が必要	一般NISAと同じ
買付方法	通常の買付け・積立投資	積立投資（累積投資契約に基づく買付け）のみ	一般NISAと同じ
払出し制限	なし	なし	あり(18歳まで) ※災害等やむを得ない場合には、非課税での払出し可能。
備考	一般とつみたてNISAは年単位で選択制 2023年1月以降は18歳以上が利用可能		2023年末で終了

（左端に縦書き：2023年まで）

②2024年からの制度概要

	つみたて投資枠 併用可	成長投資枠
年間投資枠	120万円	240万円
非課税保有期間（注1）	無期限化	無期限化
非課税保有限度額（総枠）（注2）	1,800万円 ※簿価残高方式で管理（枠の再利用が可能）	
		1,200万円（内数）
口座開設期間	恒久化	恒久化
投資対象商品	長期の積立・分散投資に適した一定の投資信託 〔現行のつみたてNISA対象商品と同様〕	上場株式・投資信託等（注3） ①整理・監理銘柄②信託期間20年未満、毎月分配型の投資信託及びデリバティブ取引を用いた一定の投資信託等を除外
対象年齢	18歳以上	18歳以上
現行制度との関係	2023年末までに現行の一般NISA及びつみたてNISA制度において投資した商品は、新しい制度の外枠で、現行制度における非課税措置を適用 ※現行制度から新しい制度へのロールオーバーは不可	

（注1）非課税保有期間の無期限化に伴い、現行のつみたてNISAと同様、定期的に利用者の住所等を確認し、制度の適正な運用を担保
（注2）利用者それぞれの非課税保有限度額については、金融機関から一定のクラウドを利用して提供された情報を国税庁において管理
（注3）金融機関による「成長投資枠」を使った回転売買への勧誘行為に対し、金融庁が監督指針を改正し、法令に基づき監督及びモニタリングを実施
（注4）2023年末までにジュニアNISAにおいて投資した商品は、5年間の非課税期間が終了しても、所定の手続きを経ることで、18歳になるまでは非課税措置がうけられることとなっているが、今回、その手続きを省略することとし、利用者の利便向上性を手当て

④ 暗号資産

　2017年から仮想通貨と呼ばれるものが話題になりました。その後、暗号資産と名前が変わりました。これは、インターネット上でやりとりできる財産的価値であり、「資金決済に関する法律」において、次の性質をもつものと定義されています。

（1）不特定の者に対して、代金の支払い等に使用でき、かつ、法定通貨（日本円や米国ドル等）と相互に交換できる
（2）電子的に記録され、移転できる
（3）法定通貨または法定通貨建ての資産（プリペイドカード等）ではない
　代表的な暗号資産には、ビットコインやイーサリアムなどがあります。
　暗号資産は、銀行等の第三者を介することなく、財産的価値をやりとりすることが可能な仕組みです。
　一般に、暗号資産は、「交換所」や「取引所」と呼ばれる事業者（暗号資産交換業者）から入手・換金することができます。暗号資産交換業は、金融庁・財務局の登録を受けた事業者のみが行うことができます。
　暗号資産で利益が出た場合には、総合課税の雑所得として申告をすることとなります。

⑤ 商品先物取引およびFX（外国為替証拠金取引）

　差金等決済して確定した差益が生じた場合は、**雑所得**に該当し確定申告が必要になります（未決済の含み益は課税対象にはなりません。）。この場合、申告分離課税に該当し20.315%の税率となります。また、先物取引で損失が生じており他の金融商品（先物取引に係る雑所得等に該当するもの）は利益が出ている場合などは損益通算することができますので、納税額が少なくなる場合もあります。また、損失が生じた場合は、確定申告をすると3年間の繰越控除が可能となります。

　国や地方公共団体、公益財団法人、社会福祉法人、認定ＮＰＯ法人など一定の団体等に対し寄附をした場合には、所得控除を受けることができます。また、年々その適用範囲も拡充しており、震災関連の寄附金も要件を満たせば対象となっています。

　さらに、所得控除にかえて税額控除を選択できる寄附金もあります。

・所得控除（総所得金額から控除される金額）

特定寄附金⇒国、地方公共団体に対する寄附金、指定寄附金、特定公益増進法人に対する寄附金、認定 NPO 法人等に対する寄附金、政治活動に関する寄附金を指します。
　例えば、「赤い羽根共同募金」、「日本赤十字社」、「学校法人」、「国立美術館」などの寄附があげられます。

・税額控除（所得税額から控除される金額）

　上記の特定寄附金のうち、以下の①～③への寄附の場合は、所得控除にかえて税額控除を選択することも可能です。有利な方を選択することが可能です。

①認定NPO法人等

　（認定 NPO 法人等に対する寄附金の合計額―2,000 円）× 40%＝税額控除額 ※

②公益社団法人等 （例：公益社団法人、学校法人等、社会福祉法人、国立大学法人など）

　（公益社団法人等に対する寄附金の合計額―2,000 円）× 40%＝税額控除額 ※

③政党等 （政党、政治資金団体に対する政治活動に関する寄附金で一定のもの）

　（政党等に対する寄附金の合計額―2,000 円）× 30%　＝　税額控除額 ※

※その年分の所得税額の 25%相当額を限度とします。

1 ふるさと納税とは

　ふるさと納税とは、自分の選んだ自治体に寄附（ふるさと納税）を行った場合に、寄附額のうち2,000円を超える部分について、所得税と住民税から原則として全額が控除の対象となる制度です（一定の上限があります）。2021年度の受入額は、対前年度比約1.2倍の約8,302億円であり、受入件数は対前年度比約1.3倍の約4,447万件となりました（総務省HPより）。2021年度は受入額・受入件数ともに増加し、過去最高となりました。コロナ禍の長期化で「巣ごもり需要」などを背景として、各地の返礼品を楽しむ寄付者が増えたとみられます。

　控除される金額については、所得金額、扶養親族の人数等によって異なってきます。例えば、年収700万円の給与所得者の方で扶養親族が配偶者のみの場合、30,000円のふるさと納税を行うと、2,000円を超える28,000円（30,000円ー2,000円）が所得税と住民税から控除されます。また、2,000円を除く全額が控除されるふるさと納税額についても、所得や家族構成によって異なってきます。全額控除される納税額の目安が、総務省のHPなどに掲載されていますので是非活用してください。

〈計算構造〉

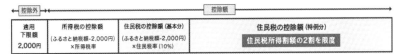

適用 下限額 2,000円	所得税の控除額 （ふるさと納税額-2,000円） ×所得税率	住民税の控除額（基本分） （ふるさと納税額-2,000円） ×住民税率（10%）	住民税の控除額（特例分） 住民税所得割額の2割を限度

総務省HPより引用

　なお、2019年6月より、新たなふるさと納税指定制度（※）が施行されました。**総務大臣による指定を受けていない自治体に対する寄附は、ふるさと納税の対象外**となります。

※過度に高額な返礼品や地域経済に関係のない返礼品等を贈る自治体については特例の対象外とすることができるよう、一定のルールを定めたものです。

2 納税控除を受けるためには

①確定申告を行うケース（原則）

　当該税額控除を受けるためには、原則として、ふるさと納税を行った翌年に確定申告を行う必要があります。確定申告を行った場合には、所得税および住民税の納付金額から上記計算された金額が控除されることとなります。

②ワンストップ特例制度を適用するケース

　2015年4月1日から、ふるさと納税先の自治体数が5団体以内であった場合および確定申告義務者でない場合に限り、各自治体に申請することで確定申告が不要になる「ワンストップ特例制度」が適用されています。当該制度の場合には、翌年に支払う住民税からの減額という形で控除されることとなります。

　サラリーマンなどの給与所得者の方も、煩雑な手続きなしに気軽にふるさと納税を行うことができるようになりました。ただし、翌年の1月10日までに、「ワンストップ特例申請書」を各自治体に提出する必要がありますのでご注意ください。

3 ふるさと納税をする自治体の選択

　ふるさと納税をする自治体は、自分で決定することができます。また、ふるさと納税を行った自治体から寄附金額に応じて、お礼の品や工芸品等が送られてくる場合があります。各自治体の謝礼（返礼品）を、まとめて掲載しているサイトも多々ありますので是非検索してみてください。

4 一時所得にはご注意を

　「ふるさと納税」を行った者が地方公共団体から謝礼（返礼品）を受けた場合の課税関係が発生することがありますのでご注意が必要です。

　例えば、10,000円以上の寄附を受けた場合、この寄附に対する謝礼（返礼品）として、市の特産品（5,000円程度）を送ることとしています。この場合の寄付者が受ける経済的利益について、課税関係が生じます。

　区分としては、一時所得（73頁を参照）になりますので、50万円の特別控除が使用できます。極論ですが、仮に、返礼品相当額の時価が50万円までであれば課税関係は生じないこととなります。この返礼品の価格は、各地方自治体に確認しておけば安心です。

　ただし、年の途中で他の一時所得に該当（保険の満期返戻金等）がある場合は、それも合算して50万円の特別控除が適用されますのでご注意ください。

※一時所得の計算式
（<u>総収入金額－必要経費</u>）－ 特別控除額（最高50万円）＝ 一時所得

　謝礼（返礼品）の額

働いている方の貯蓄や住宅取得等の促進を目的として、給与から毎月一定額の天引きをし、その金額を事業主が財形貯蓄取扱金融機関に払い込み、貯蓄を行う制度です。当該制度には、貯蓄の目的に応じて①一般財産形成貯蓄、②財産形成年金貯蓄、③財産形成住宅貯蓄の3つがあります。税制面において優遇措置が設けられているものは、②の年金のための貯蓄のものと③の住宅資金としての貯蓄のもののみとなっております。

また、2014年度税制改正により、当該優遇措置を受けたまま預入の中断が可能な期間（現行最大2年）を、3歳未満の子に係る育児休業等を取得する場合は、所定の手続きを行うことにより、当該育児休業等終了後の預入再開日まで延長できるようになりました（2015年4月1日以後に所要の手続を行った場合に限ります）。

●勤労者財産形成促進制度（財形制度）の概要

	①一般財形貯蓄	②財形住宅貯蓄	③財形年金貯蓄
目的	自由	マイホーム取得 リフォーム資金	老後資金（年金）
契約可能年齢	年齢要件なし	開始時55歳未満	
契約可能数	複数可	1人1契約	
積立期間	3年以上	5年以上 （ただし、マイホーム取得等の場合は、5年未満でも払出可）	5年以上
税制優遇措置	×	元利合計550万円 （保険型は払込累計額550万円）まで 利子等は非課税	元利合計550万円 （保険型は払込累計額385万円）まで 利子等は非課税
目的外払出し	―	過去に遡って課税	

第9節 | 働き方改革法

　働き方改革の要点は大きく、長時間労働の抑制と非正規労働者の待遇改善と高度プロフェッショナル制度の3点です。

 ① 長時間労働の抑制

　長時間労働の抑制のために、残業時間の上限が定められました。原則は1カ月45時間以内かつ1年360時間以内です。この意味は、残業は1カ月45時間まで法律上できるけれど、1年間の累計で360時間を超えてはいけないということです。

　とは言っても、現実の問題としてもっと残業をしないと仕事が片づかないときもあるので、とても忙しい月は1カ月100時間未満までなら残業をしてもいいことになっています。しかし、毎月100時間も残業をすると健康に影響が出る恐れがあるので、1カ月100時間未満まで許されるのは1年の内の半分つまり6カ月までで、なおかつ複数月の平均は80時間以内と決められました。また、1年間の残業時間の合計は720時間以内と決まっています。ただし、自動車運転業務、医師はこれとは違った労働時間の規制が適用されます。また、建築事業のうち、災害の復旧・復興の事業はこれとは違った規制が適用されます。研究開発業務にはこの規則は適用されません。

　長時間労働の抑制対策の2つ目として、年次有給休暇の取得促進が開始されました。年次有給休暇と言えば、各人の都合に合わせて取得できるのが本来の主旨なのですが、個人に任せっきりでは取得率が上がってこないので、強制的に年間5日分を取得させることになりました。以前から会社によっては年次有給休暇の計画的付与と言って、ゴールデンウィークや年末年始などの休みとつなげて会社全体で年次有給休暇を取得したり、個人ごとに希望日を会社に提出して年間5日を強制的に取得する取り組みをしていることがあります。このような会社は、法律上それ以上のことに取組む必要はありません。

長時間労働の抑制対策の3つ目は残業手当の割増率の引上げです。具体的には月60時間超の残業に対する割増率は50%と、60時間以内の時の割増率25%に比べると2倍になっています。

② 非正規労働者の待遇改善

　非正規労働者の待遇改善策としては、**同一労働同一賃金**につきます。この対象は、パートタイマー、アルバイトなどの短時間労働者と雇用契約期間が決められている有期雇用労働者です。同一労働同一賃金とは、同じような仕事をしているのにパートタイマー、アルバイトなどの非正規労働者と正社員で賃金などの待遇に不合理な差があることを禁止するという意味です。また、派遣労働者についても、派遣先の社員と派遣労働者の間に待遇差を設けることは許されません。

③ 高度プロフェッショナル制度

　長時間労働の抑制、非正規労働者の待遇改善と一線を画しているのが**高度プロフェッショナル制度**です。これは、高度専門業務に就く年収1,075万円以上の人を対象に、残業手当、深夜手当や休日出勤手当などの支払義務を取り払うという労働法としては画期的な制度です。労働時間に関係なく賃金を支払うので、長時間労働になる懸念があり、それを抑止するために年間休日数を104日以上確保することになっています。また、会社にいる時間の上限を設けるか、連続休暇を確保するか、健康診断の回数を増やすかなどの措置を会社は実施しなければなりません。

④ 働き方改革　その他の制度

　働き方改革の主な制度は前の3つですが、働き方改革全体を見ればその他にも4種類の制度が定められ、施行されています。

（1）勤務間インターバル制度の導入の努力義務
　勤務間インターバルとは、勤務終了後、一定時間以上の「休息時間」を設けることで、働く人の生活時間や睡眠時間を確保するものです。これは、企業に対する努力義務なので企業の事情に応じて実施されている

ところとそうでないところがあります。

（２）労働時間の客観的な把握

　簡単に言い換えると、「タイムカード等で従業員の労働時間を会社は把握しなければならない。」と義務付けました。実は、これまで法律による義務ではなかったのです。

（３）フレックスタイム制の拡充

　フレックスタイム制は従来、毎月の実労働時間を元にその過不足を計算して賃金精算をすることになっていました。そうすると、ある月に労働時間が短すぎると賃金がその分減らされ、別の月の労働時間が多いと残業扱いになっていました。これを、３か月で労働時間を精算できるように変更されました。これによって、計画的に労働時間を増減させられるようになり、ワークライフバランスの形成を推進できます。

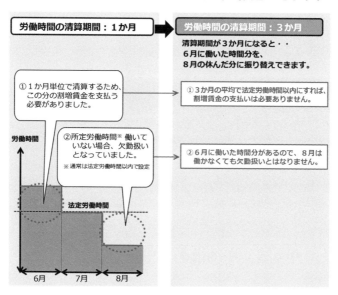

（４）産業医・産業保険機能の強化

　50人以上の会社は、産業医という医師と契約等をしており、従業員の健康管理について指導を行っています。その指導等の権限や活動を強化しました。

年金生活者支援給付金制度

　①老齢基礎年金、②遺族基礎年金、③障害基礎年金のどれかを受給している人で次の条件を満たす人は受給している年金の種類に応じた年金生活者支援給付金が受給できます。

①-a 老齢年金生活者支援給付金の**受給条件**（次の３つを全て満たす人）
　（１）65歳以上の老齢基礎年金の受給者である。
　（２）同一世帯の全員が市町村民税非課税である。
　（３）前年の公的年金等の収入金額（障害年金、遺族年金は含みません）とその
　　　　他の所得との合計額が878,900円以下である。

①-b 老齢年金生活者支援給付金の**受給額**
　　受給できる額は、保険料納付済期間、保険料免除期間の月数で変わりますが、
　　例えば、保険料納付済期間が480カ月であれば月額5,140円。

①-c 前年の公的年金等の収入とその他所得との合計が778,900円超878,900円以下の
　　人には補足的老齢年金生活支援給付金が支給されます。

②-a 遺族年金生活者支援給付金の**受給条件**（次の２つを全て満たす人）
　（１）遺族基礎年金の受給者である。
　（２）前年の所得（遺族年金は含みません）が4,721,000円（扶養親族の人数で
　　　　変わります）以下である。

②-b 遺族年金生活者支援給付金の**受給額**
　　月額5,140円（2人以上で遺族基礎年金を受給しているときは5,140円を受給者数で
　　割った金額）

③-a 障害年金生活者支援給付金の**受給条件**（次の２つを全て満たす人）
　（１）障害基礎年金の受給者である。
　（２）前年の所得（障害年金は含みません）が4,721,000円（扶養親族の人数で変
　　　　わります）以下である。

③-b 障害年金生活者支援給付金の**受給額**
　障害等級が2級の方：5,140円（月額)
　障害等級が1級の方：6,425円（月額)

なお、給付額は、毎年度、物価の変動による改訂（物価スライド改訂）があります。

以下のどれかに当てはまる場合は支給されません。
　（1）日本国内に住所がないとき
　（2）年金が全額支給停止のとき
　（3）刑事施設等に拘禁されているとき

万が一のときに損しないための
基礎知識

その1　健康保険、労災は何をしてくれるのか

 病気やケガのときの治療はどこまで ────

①健康保険は治療費3割負担

　病気やケガをしたとき、保険医療機関の窓口に被保険者証を提示すれば必要な医療を受けることができます。**全国健康保険協会管掌健康保険、国民健康保険**ともにその診療にかかった費用の3割が自己負担です。被扶養者も同じですが、小学校入学前の被扶養者は2割、70歳以上の高齢受給者は所得によって2割（2014年3月31日以前に70歳になった方は1割）か3割のどちらかです。

　入院したときには、**入院時食事療養費**を受けられますが、1食460円が標準負担額として必要になります。また、療養病床に入院する65歳以上の人には入院時生活療養費が支給されますが、1食460円、1日370円（電気代や水道代等として）が標準負担額として必要になります。

　旅先などでの急病で被保険者証が提示できなかったり、海外で医者にかかったなど自費で診療を受けた場合は、保険者（全国健康保険協会管掌健康保険や市区町村等）に請求をすれば払い戻してくれます（**療養費**）。

　また、**選定療養（差額ベッド等）**や**評価療養（先進医療等）**を受けるときは、通常の療養の給付に相当する差額部分は、**保険外併用療養費**として保険の対象となりますが、それ以外の部分は、特別料金として自費負担となります。

　そのほか、健康保険の給付として、訪問介護ステーションの訪問看護を受けたときの**訪問介護療養費**、必要な医療を受けるため緊急に移送されたときの**移送費**などがあります。

●こんなにある健康保険の給付

給付名	内容	負担額
療養の給付	保険医療機関で被保険者証を提示することにより必要な医療を受ける	下記の表
入院時食事療養費	入院中の食事療養費として、現物給付	1食につき460円 低所得者は軽減
入院時生活療養費	療養病床に入院中の食費や居住に係る費用として現物給付	1食420円又は460円 低所得者は軽減 居住費として1日370円
保険外併用療養費	高度先進医療（評価療養）や特別の療養を受けたときの、一般の療養の給付に相当する基礎部分	下記の表の自己負担の他に自費負担が必要
訪問介護療養費	訪問介護ステーションの訪問看護を受けた時の現物給付	下記の表の自己負担と同率の利用料の負担
療養費	やむを得ず非保険医にかかったり被保険者証を提示できないときの自費分の払い戻し	
移送費	必要な医療を受けるため緊急に移送されたとき	立替払いののち実費を払い戻し

●健康保険 ひと目で分かる私の負担額

区分	窓口負担
小学校入学後70歳未満	3割
小学校入学前	2割
70歳以上 ※	2割
現役並の所得者	3割

※平成26年3月31日以前に70歳になった方は1割

第5章 万が一のときに損しないための基礎知識

②労災保険の治療費は無料

　労働者が業務上の病気やケガにより療養を必要とする場合には、労災保険の**療養補償給付**が支給されます。健康保険は使えません。療養補償給付には、「療養の給付」（現物給付）と「療養の費用の支給」（現金支給）の2種類あります。「療養の給付」が原則で、労災指定病院などにおいて傷病が**治ゆ**するまで無料で療養を受けることができます。「療養の費用の支給」は近くに労災指定病院などがないなどの特定の事情がある場合の取り扱いとなります（いったん、治療費を立替払いして、労働基準監督署に請求して払い戻しを受けることができます）。療養補償給付の対象には、**治療費・入院の費用・看護料・移送費**などの通常療養のために必要なものがあります。

● 労働災害とは

> ◆労働災害
> 業務上かどうかは、
> ①使用者の支配下にあるときに発生したこと(業務遂行性)
> ②業務と傷病との間に経験則上相当な因果関係がある(業務起因性)の２つの要件を満たしているかどうかによる。

　通勤中のケガなどについても業務上と同様の給付（通勤災害では療養給付という）を受けることができます。

　労災保険でいう**通勤**とは、「労働者が就業に関し、住居と就業場所との間を合理的な経路および方法により往復すること」と定義されています。労働者が、当該往復の経路を逸脱し、または往復を中断した場合には、当該逸脱、または中断の間及びその後の往復は通勤には含まれません。ただし、当該逸脱、または中断が日常生活上必要な行為であって、労働省令で定めるものをやむを得ない事由により行うための最小限度のものである場合は、当該逸脱、または中断の間を除き合理的な経路に復した後は通勤とされます。

● 通勤から除外されるケース

> ### ◆ 通勤経路の逸脱・中断とみなされその後通勤とならない例
> ・居酒屋などで飲酒する
> ・映画館に入る
> ・フィットネスクラブに入る
> ・デートのため長時間にわたってベンチで話し込む
> 　など

> ### ◆ 通勤経路の逸脱・中断で日常生活上必要な行為とされるもの
> ・経路の近くにある公衆便所を使用する場合
> ・経路上の店でタバコ、雑誌などを購入する場合
> ・治療のために病院・診療所に寄る
> ・食べ物など日常生活上必要なものの買い物に立ち寄る
> 　など

 病気やケガで休んだとき ──────────

①健康保険は1日につき給与の2／3の手当

　病気やケガで、療養のために仕事を休み、給与を受けられないときは**傷病手当金**が支給されます（国民健康保険にはありません）（＊1）。療養は、入院に限らず自宅療養でもかまいません。傷病手当金の支給金額は、1日につき支給開始日の以前12か月間の各標準報酬月額を平均した額を30日で割った額の2／3相当額が支給されます。ただし、仕事を休んだ日が連続して3日間（待機期間）あったうえで4日以上休んだ場合に、4日目から支給されます。また、給与を受けていても、傷病手当金の額より少ないときは、その差額が支給されます。支給開始日から通算で1年6か月間まで支給を受けられます。

＊1　任意給付としている場合もあります。

②労災保険は1日につき最高で給与の8割の給付

　休業補償給付（通勤災害は休業給付）は、業務上負傷し、または疾病にかかった労働者がその療養のため働くことができず、そのために賃金を受けていない日が4日以上に及ぶ場合に休業4日目以降から支給されます。なお、休業の最初の日から3日間については、事業主が労働基準法上の休業補償（通勤災害はなし）を行います。休業補償給付の額は、休業1日につき原則として給付基礎日額（原則として平均賃金相当額）の60％です（ただし、所定労働時間のうち一部休業した場合には、給付基礎日額から実際に労働した部分についての賃金額を差し引いた額の60％）。また、給与を受けていても60％未満なら、休業補償給付は全額支給されます。60％以上の給与を受けると休業補償給付は受給できませんが、休業特別支給金は支給されます。給付基礎日額の2割が休業補償給付に加えて**休業特別支給金**として支給されます。

③労災で休業が**長期間**になったら

　業務上の傷病が療養開始後1年6か月を経過しても**治ゆ**せず、かつ、当該傷病による障害の程度が傷病等級表に該当する場合には、**休業補償給付**に代わって**傷病補償年金**が支給されます。障害の程度に応じて、年金給付基礎日額（給付基礎日額に相当する金額）の313日分（第1級）、277日分（第2級）、245日分（第3級）の年金が当該障害の状態が継続している間支給されます。傷病補償年金を受けている者の傷病が治った後に障害が残れば、その程度に応じた**障害補償給付**が支給されます。

　傷病補償年金を受ける権利を有する人に対して、賞与などの特別給与を基礎とする特別支給金の支給があります（次々頁参照）。

　○**労災で治ゆとは**

　　労災保険における傷病が「治ったとき」とは、身体の諸器官・組織が健康時の状態に完全に回復した状態のみをいうものではなく、傷病の症状が安定し、医学上一般に認められた医療を行っても、その医療効果が期待できなくなった状態（その傷病の症状の回復・改善が期待できなくなった）をいい、この状態を労災保険では「**治ゆ**」（症状固定）という。

　　したがって、「傷病の症状が、投薬・理学療法等の治療により一時的な回復がみられるにすぎない場合」など症状が残存している場合であっても、医療効果が期待できないと判断される場合には、労災保険では「治ゆ」（症状固定）と判断される。

●健康保険、労災保険　待機期間早分かり図

◆傷病手当金

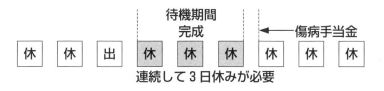

待機期間
完成

◆━━傷病手当金

| 休 | 休 | 出 | 休 | 休 | 休 | 休 | 休 | 休 |

連続して3日休みが必要

◆休業補償給付

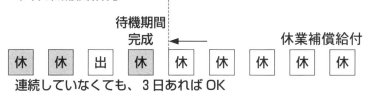

待機期間
完成

休業補償給付

| 休 | 休 | 出 | 休 | 休 | 休 | 休 | 休 | 休 |

連続していなくても、3日あればOK

●健康保険、労災保険　休んだ時の支給率早分かり図

◆健康保険　　　　◆労災保険

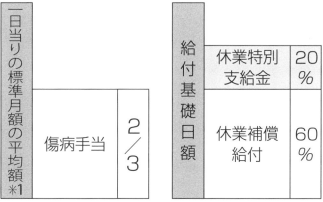

一日当りの標準月額の平均額※1 ／ 傷病手当 ／ 2/3

給付基礎日額 ／ 休業特別支給金 20% ／ 休業補償給付 60%

※1「支給開始日以前12か月間の各標準報酬月額を平均した額」÷30日

●傷病特別支給金（前々頁）がひと目で分かる

特別支給金

第1級···114万円
第2級···107万円
第3級···100万円
いずれも一時金で

傷病特別年金
算定基礎日額の313日分（第1級）、
277日分（第2級）、245日分
（第3級）までの年金

③ 自己負担が高額になっても安心 ─────────

　重い病気などで病院などに長期入院したり、治療が長引く場合には、医療費の自己負担額が高額となります。そのため家計の負担を軽減できるように、一定の金額（自己負担限度額）を超えた部分が払い戻される**高額療養費制度**が健康保険にはあります。保険外併用療養費の差額部分や入院時食事療養費、入院時生活療養費は支給対象にはなりません。自己負担額を超えたときは、超えた部分は現物給付されますので、窓口負担は自己負担限度額までとなります。現物給付を受ける時は、「限度額適用認定申請書」を保険者に提出し、認定証の交付を受け、それを医療機関に提出してください。自己負担額については、次頁の表でご確認ください。70歳以上の高齢受給者（がいる世帯）と後期高齢者医療制度については、247〜250頁でご確認ください。腎透析患者や血友病患者などの場合、自己負担額が1万円（標準報酬月額が53万円以上の被保険者とその被扶養者は2万円）に減額され、高額療養費分が現物給付されます。

　同一世帯内で、同一月における自己負担額が21,000円以上の人が2人以上いる場合の自己負担限度額は、それぞれの医療費を合算し、Aま

●患者負担割合及び高額療養費自己負担限度額(70歳未満)

所得区分	負担割合	月単位の上限額(円)
①区分ア　　　　　年収約1,160万円〜 健保：標報83万円以上／国保：旧ただし書き所得901万円超	3割	A 252,600+ (医療費−842,000)×1% B<多数回該当：140,100>
②区分イ　　　　　年収約770万〜約1,160万円 健保：標報53万〜79万円／国保：旧ただし書き所得600万〜901万円		A 167,400+ (医療費−558,000)×1% B<多数回該当：93,000>
③区分ウ　　　　　年収約370万〜約770万円 健保：標報28万〜50万円／国保：旧ただし書き所得210万〜600万円		A 80,100+ (医療費−267,000)×1% B<多数回該当：44,400>
④区分エ　　　　　〜約370万円 健保：標報26万円以下／国保：旧ただし書き所得210万円以下		A 57,600 B<多数回該当：44,400>
⑤区分オ 　　　　　住民税非課税		A 35,400 B<多数回該当：24,600>

注)「区分ア」または「区分イ」に該当する場合、市区町村民税が非課税であっても、標準報酬月額での
　　「区分ア」または「区分イ」の該当となります。
A…同一月、個人単位で自己負担額を全て合算した場合
B…多数該当の場合（同一世帯で12か月間にすでに3か月以上高額療養費が支給されている場合）

たはBにあてはめて算出した金額となります。同一月に70歳以上と70歳未満それぞれの負担がある場合の合算の対象となる負担額は、70歳以上は全ての負担額、70歳未満は21000円（1人・1か月・1医療機関あたり）以上の負担額です。

　また、高額療養費を請求してから支給されるまでの自己負担分の支払いにあてるため、高額療養費支給見込額の80%相当額を無利子で借りることができます。高額療養費貸付制度の申請窓口は全国健康保険協会都道府県支部です。

●高額介護合算療養費

　世帯内の同一の医療保険の加入者の方について、毎年8月から1年間にかかった医療保険と介護保険の自己負担額（高額療養費及び高額介護（予防）サービス費の支給を受けることができる場合には、その額を除く。）(※1)を合計し、次の基準額を超えた場合(※2)に、その超えた金額を支給します。

※1　医療保険・介護保険の自己負担額のいずれかが0円である場合は支給しません。また、70歳未満の医療保険の自己負担額は、医療機関別、医科・歯科別、入院・通院別に21,000円以上ある場合に合算の対象となり、入院時の食費負担や差額ベッド代等は含みません。
※2　その超えた金額が501円以上の場合に限ります。

所得区分	基準額
①区分ア（年収約1,160万円～　健保：標報83万円以上／国保：旧ただし書き所得901万円）	212万円
②区分イ（年収770万円～約1,160万　健保：標報53万～79万円以上／国保：旧ただし書き所得600万～901万円）	141万円
③区分ウ（年収370～770万円　健保：標報28万～50万円以上／国保：旧ただし書き所得210万～600万円）	67万円
④区分エ（～年収約370万円　健保：標報26万円以下／国保：旧ただし書き所得210万円以下）	60万円
⑤区分オ　住民税非課税	34万円

 ## ④ 障害が残っても年金などがもらえる

①障害基礎年金は、約80万円～

　障害基礎年金は、初診日に被保険者である人、または被保険者であった60歳以上65歳未満の日本国内に居住中の人が、その病気・ケガで1級または2級の障害の状態にある場合で、次頁の保険料納付要件を満たしている人に支給されます。

　支給金額は、1級で993,750円、2級で795,000円です。また、生計を維持している次頁の子がいるときは、加給年金額が加えられます。

　初診日において20歳未満であった人が、20歳に達した日において1級、2級の障害にあるとき等にも支給されます。

②サラリーマンには更に障害厚生年金も

　障害厚生年金は、初診日に厚生年金の被保険者である人が、障害認定日（初診日から1年6か月を経過した日か、その期間内に治った日、または症状が固定した日）に1から3級の障害のある場合に支給されます。また、前項の障害基礎年金の保険料納付要件を満たしていることも必要です。国民年金の第2号被保険者ですので、1級、2級の場合は、障害基礎年金も併せて支給されます。障害厚生年金の額は、特別支給の老齢厚生年金の報酬比例部分と同様に計算します（221頁参照）。被保険者期間の月数が300に満たない場合、300をその月数で割った数を計算式に掛けて計算し、全体を300月分に増額します。平均標準報酬月額に掛ける乗率に、生年月日による特例はありません。また、老齢厚生年金同様、一定の配偶者に加給年金が付きます。

○保険料納付要件

　初診日の前日において、次のいずれかの要件を満たしていることが必要です。

(1)　初診日のある月の前々月までの公的年金の加入期間の2/3以上の期間について、保険料が納付又は免除されていること。

(2)　初診日において65歳未満であり、初診日のある月の前々月までの1年間に保険料の未納がないこと。

　厚生年金の被保険者期間（国民年金の第2号被保険者）と、第2号被保険者の被扶養配偶者（第3号被保険者）期間は、滞納期間でなく保険料納付済期間となります。

●障害年金早分かり図

1級障害の場合

| 報酬比例の 年金額 ×1.25 | + | 配偶者加給年金額 (228,700円) | + | 障害基礎年金 (993,750円) | + | 子の加算額 |

2級障害の場合

| 報酬比例の年金額 | + | 配偶者加給年金額 (228,700円) | + | 障害基礎年金 (795,000円) | + | 子の加算額 |

3級障害の場合

| 報酬比例の年金額 | （最低保障額596,300円） |

5年以内に治り3級より軽い障害にある場合には、障害手当金として

| 報酬比例の年金額 ×2.0 | （最低保障額1,192,600円） |

| 厚生年金から | 国民年金から |

- - -

○支給要件となる子
①18歳に達した後最初に到来する3月31日までの子
②障害年金の障害等級1級または2級に該当する程度の障害を持つ20歳未満の子
○子への加給年金額
1人目、2人目の子‥‥各228,700円
3人目以降の子‥‥‥‥各76,200円

③労災の障害給付は、広い範囲で手厚く

労災保険の**障害補償給付**（通勤は障害給付）は、業務災害（または通勤災害）による傷病が「治った」後に、「身体に障害が残った場合」に支給されます。障害等級1から7級までが年金として、8から14級までが一時金として支給されます。また、併せて「障害特別支給金」と賞与などの特別給与を基礎とする「障害特別年金・障害特別一時金」が支給されます。労働災害と通勤災害では給付の名称は違いますが、給付内容は同じです。以後この節では、労働災害の給付の名称を使用します。

障害補償給付を受けることとなった場合には、厚生年金の障害手当金は支給されません。**障害補償年金**は、障害厚生年金や障害基礎年金と併給（両方の支給を受ける）できますが、下記の調整率を乗じた額が障害補償年金の支給額となります。つまり、障害厚生年金や障害基礎年金は満額ですが、労災保険の障害補償年金が減額されるということです。

併給される年金の種類	調整率
障害厚生年金	0.83
障害基礎年金	0.88
障害厚生年金＋障害基礎年金	0.73

障害補償年金の受給者が死亡した場合、その者に支給された障害補償年金の合計額が次頁表（A欄）の額に満たないときは、その差額が一時金として遺族に支給されます（障害補償差額一時金）。障害補償年金受給権者の請求に基づいて、その障害等級に応じ次頁表（A欄）に掲げてある額を最高限度として障害補償年金を一定額までまとめて請求することができます。

●労災保険　障害給付額の一覧表

区分	障害等級	障害補償給付	障害特別給付	障害特別支給金	A
		給付基礎日額	算定基礎日額		給付基礎日額
年金として	第1級	３１３日分	３１３日分	３４２万円	１３４０日分
	第2級	２７７日分	２７７日分	３２０万円	１１９０日分
	第3級	２４５日分	２４５日分	３００万円	１０５０日分
	第4級	２１３日分	２１３日分	２６４万円	９２０日分
	第5級	１８４日分	１８４日分	２２５万円	７９０日分
	第6級	１５６日分	１５６日分	１９２万円	６７０日分
	第7級	１３１日分	１３１日分	１５９万円	５６０日分
一時金として	第8級	５０３日分	５０３日分	６５万円	
	第9級	３９１日分	３９１日分	５０万円	
	第10級	３０２日分	３０２日分	３９万円	
	第11級	２２３日分	２２３日分	２９万円	
	第12級	１５６日分	１５６日分	２０万円	
	第13級	１０１日分	１０１日分	１４万円	
	第14級	５６日分	５６日分	８万円	

＊給付基礎日額とは、直前の賃金締切日以前3か月間の賃金総額（3か月を超える期間ごとに支払われるものなどを除く）を暦日数で割ったものです。

＊被災前1年間に支払われた特別給与（賞与など）の合計額を算定基礎年額（給付基礎日額の365倍に相当する額の20％相当額（最高限度額150万円）を限度とする）といい、これを365で除したものが算定基礎日額です。

④労災の介護補償給付は最高で月額約17万円

　介護補償給付は、障害補償年金、または傷病補償年金を受けている人が、常時、または随時介護を要する状態にあり、現に介護を受けているときに、当該介護を受けている間、その請求に基づいて支給されます。ただし、一定の障害にあることが必要で、第1級のすべてと第2級の精神神経・胸腹部臓器の障害を有している人など厚生労働省令で定められています。介護補償給付は月単位で支給されます。病院に入院していたり、身体障害者療護施設などに入所されている人には支給されません。

○介護補償給付の支給額

◆常時介護を要する場合
　①その月に費用を支出して介護を受けた日がある場合
　　⇒その月において介護に要する費用として支出された額
　　（172,550円が支給限度）
　②親族などによる介護を受けた日があり、その月に介護費用を支出していないか支出した額が77,890円を下回る場合
　　⇒一律　77,890円
◆随時介護を要する場合
　①その月に費用を支出して介護を受けた日がある場合
　　⇒その月において介護に要する費用として支出された額
　　（86,280円が支給限度）
　②親族等による介護を受けた日があり、その月に介護費用を出していないか支出した額が38,900円を下回る場合
　　⇒一律　38,900円

まだまだある労災保険の給付

　労災保険では、労働者の福祉の増進を図るため、業務災害及び通勤災害を被った労働者の円滑な社会復帰を促進するために必要な事業、被災労働者及びその遺族の援護を図るために必要な事業、労働者の安全及び衛生の確保のために必要な事業など各種の**社会復帰促進等事業**を行っています。

●社会復帰促進等事業の主なもの一覧表

名　称	内　容
外科後処置	保険給付の対象とならない義肢装着のための断端部の再手術など
義肢等の支給	身体に障害を残した者で、必要があると認められる者に対して、義肢、義眼、眼鏡、つえ、車イスなどを支給
労災就学援護費	業務災害または通勤災害により死亡した労働者の遺族や障害等級第3級以上や、傷病の程度が特に重篤と認められる傷病補償年金受給権者の子で学資の支弁が困難である者には、学校の種別に応じて就学援護費を支給（15,000円から39,000円）
労災就労保育援護費	上記に該当するもので子を保育所や幼稚園に預けている者で保育に係る費用を援護する必要があると認められる場合には児童1人につき月額11,000円を支給
アフターケア	せき髄損傷者、一酸化炭素中毒者及び頭部外傷者等の方で障害（補償）給付を受けている方にアフターケアを行っています。 ※（診察・保健指導・保健のための薬剤の支給・検査・保健のための処置など）

その2 保険金によって税金は異なる

🏷️① ケースによって税金の種類は異なる （死亡保険金の場合）

　交通事故や病気などで被保険者が死亡し、保険金受取人が死亡保険金を受け取った場合には、保険料の負担者、保険金受取人、被保険者が誰かにより、所得税、相続税、贈与税のいずれかの課税の対象になります。

●死亡保険金課税関係表

保険料の負担者	被保険者	保険金受取人	税金の種類
妻	本人	妻	所得税
本人	本人	妻	相続税
妻	本人	子	贈与税

①所得税が課税される場合

　所得税が課税されるのは、上の表のように、保険料の負担者と保険金受取人が同一人の場合です。この場合の死亡保険金は、受け取りの方法により、一時所得または雑所得として課税されます。

イ）死亡保険金を一度に受領した場合＝一時所得

　　{（受取保険料−支払保険料）−50万円}　×1/2

　一時所得の場合の所得の金額は、受け取った保険金の総額から、すでに払い込んだ保険料を差し引き、更に一時所得の特別控除50万円を差し引いた金額です。課税の対象になるのは、この金額を更に1/2にした

金額です。

ロ）死亡保険金を年金形式で受領した場合＝雑所得
（受取保険料－計算式により求められる必要経費）

死亡保険金を年金形式で受領した場合には、雑所得になります。
原則として所得税の源泉徴収があります。

②相続税が課税される場合

相続税が課税されるのは、前頁の表のように、死亡した被保険者と保険料の負担者が同一人の場合です。
イ）受取人が被保険者の相続人であるときは、相続により取得したものとみなされ、相続人以外の者が受取人であるときは遺贈により取得したものとみなされます。
ロ）相続により取得したものとみなされる場合には、相続人全体で、500万円に法定相続人の数を乗じて計算した金額までは非課税で、これを超える部分の金額が相続税の対象になります。
ハ）死亡保険金を年金形式で受領する場合には、定期金に関する権利の評価の規定により評価されます。

③贈与税が課税される場合

贈与税が課税されるのは前頁の表のように、三者間が異なる場合です。なお、贈与税の詳細については、第6章4節を参照してください。

② 税金の種類は異なる（満期保険金の場合）

　生命保険や損害保険などが満期になり満期保険金を受け取った場合には、保険料の負担者、満期保険金の受取人がいずれかにより、所得税、贈与税の課税対象になります。

●満期保険金の課税関係

保険料の負担者	満期保険金受取人	税金の種類
本人	本人	所得税
本人	妻	贈与税

①所得税が課税される場合

　所得税が課税されるのは、上記の表のように、保険料の負担者と満期保険金の受取人が同一人の場合です。この場合の満期保険金は、受け取りの方法により、一時所得または雑所得として課税されます。

　イ）　満期保険金を一度に受領した場合＝一時所得

　ロ）　満期保険金を分割で（年金方式）受領した場合＝雑所得

②贈与税が課税される場合

　贈与税が課税されるのは、上記の表のように、保険料の負担者と満期保険金の受取人が異なる場合です。

 ## ③ 非課税の保険金

　所得税法では、病気やケガを原因として受けた保険金や、所得補償保険契約によって支払われる保険金は非課税とされています（所得補償保険というのは、被保険者の病気やケガにより勤務や業務に従事できなくなった期間の給与や収益を補償する損害保険契約です）。

④ 交通事故などの保険金の取り扱い

　交通事故などにより、被害者が治療費、慰謝料、損害賠償金などを受け取ったとき、及び病気やケガで保険金を受け取ったときの所得税の課税は次のようになります。

●交通事故などのケガにかかる保険金

慰謝料	非課税
損害賠償金	
治療費	非課税
	ただし、医療費控除において、その事故のケガにかかる医療費から差し引く

●病気やケガにかかる保険金

非課税	医療費控除において、その病気やケガにかかる医療費から差し引く

※医療費控除について詳しくは第5章1節その3を参照してください。
　これらの該当する医療費から差し引いて、なお余りがあってもほかの医療費から差し引く必要はありません。

その3　最高200万円分の医療費

 ① 10万円の足切りにご用心 ─────────

　誰でも自分自身を始め、家族が病気やケガにみまわれることはよくあることです。いちばん望ましいことは、その年にご家族が医療費を支払わないですめば大変すばらしいことです。

　もし、多額の医療費を支払った場合には、確定申告をすることにより、支払った税金を戻すことができます。

（1）医療費控除額の計算

1年間に支払った 医療費の金額	－	保険金などで 補填される金額	－ 10万円（注）

（注）その年の合計所得金額等が200万円未満の人は、総所得金額等の5％の金額となります。なお、医療費控除の金額は最高200万円までとなります。

（注2）保険金などで補填される金額は、その疾病に掛かる費用から控除されます。複数の保険会社の医療保険に加入されその疾病の治療等に掛かった医療費よりも多く入金されることがありますが、他の医療費に対して控除するものではありません。

　上述のように計算式は簡単ですが、領収書などの管理が必要です。また、誤解をしている人が多いのもこの医療費控除なのです。以下② ～ ⑥ をご一読ください。

② 税率で変わる還付額（税率5%〜 45%）

　10万円が足切りなどということを聞かれた人も多いと思いますが、医療費の支払額の総額が10万円を超えた場合には、超えた金額が戻ってくるのでは、と考える人が多いようです。

　実際は、原則その人の税率を医療費控除額に掛けた金額が還付されます。例えば、所得税率20%が適用される人が、1年間で医療費15万円の支払をした場合、（15万円－10万円）×20%ですので、1万円の還付になります。

　以下に税額表を掲示しておきますのでご参照ください。

●課税される所得金額に対する所得税の税額表

課税される所得金額	税率
195万円以下	5%
195万円超〜330万円以下	10%
330万円超〜695万円以下	20%
695万円超〜900万円以下	23%
900万円超〜1,800万円以下	33%
1,800万円超〜4,000万円以下	40%
4,000万円超	45%

③ 高額医療費還付

　保険金の額についても、よく勘違いされている人が多いようです。医療保険に入っている人は多いと思いますが、その病気により補填してもらえる額が支払医療費を上回ってしまった場合は、控除できません。また、多額に医療費がかかった場合には、市（区）町村に高額医療費還付をされる人が多いです。この高額医療費還付も保険金などで補填される金額に入りますので用心してください。

 ## ④ 未払いは医療費控除にならない

　未払いは医療費控除になりません。医療費の還付は、原則がありまして、その年分にかかったものは、その年分の申告が原則です。3年分いっぺんにとかはできませんし、12月の末にかかった医療費を翌年払った場合も、翌年度の医療費控除の対象となります。つまり支払ベースとお考えください。その代わり、家族単位（生計を一にしている親族）にまとめることができます。いちばん所得の高い人が還付申告をすれば、それだけ戻りも大きくなります。なお、家計が別の場合は、単独になりますのでご注意ください。

⑤ 医療費控除に該当するもの、しないもの

　どこまでが医療費に入るかも大変問題になるところです。ここからは、知識がある人とそうでない人で判断が別れてしまうところです。まずは、病院にかかった場合には、すべて医療費と考える方がいらっしゃいます。注意事項として、（1）をご覧ください。
　また、薬局で購入した場合には、医薬品と医薬部外品が混同されて売られているケースが多く見かけられます。かぜ薬と一緒に雑貨を購入したようなケースです。当然、雑貨は医療費として認められません。この場合には、自己責任でキチンと何が医療費で何が医療費に該当しないかをチェックする必要があります。注意事項として（2）をご覧ください。

　診療・診察のため、病院へ電車やバスで通われる人は医療費控除の対象となります。こまめに領収書の裏面などに記載しておきましょう。注意事項として（３）をご覧ください。

　なお、2012年分の税制改正により、2012年4月1日以後に支払う医療費のうち、医療費控除の対象範囲に介護福祉士による喀痰（かくたん）吸引等及び認定特定行為業務従事者（一定の研修を受けた介護職員等）による特定行為に係る費用の自己負担分が加えられました。

（１）病院にかかっても医療費とならない例

- ●患者の都合による差額ベッド代（医師の指示がないのに患者が個室を希望することなど）
- ●美容整形費など
- ●医師や親族が介護をしたための謝金など
- ●健康診断、人間ドック（それにより特定の疾患が見つかり治療する必要がある場合を除きます）
- ●疲れをいやしたり、体調を整えるための治療など、具体的には、腰痛治療のための費用で温泉ランドの利用など

（２）薬局で購入したもののうち、医療費に含まれない例

- ●健康ドリンクなどの購入費、ビタミン剤など
- ●健康食品、病気予防のための医薬品など
- ●雑貨品

（３）交通費で医療費とならない例

- ●タクシー代（歩行困難の場合などを除く）、自家用車での通院のガソリン代など
- ●里帰り代

第５章　万が一のときに損しないための基礎知識

⑥ セルフメディケーション税制（医療費控除の特例）—

　当該税制の適用を受けられる人は、健康診断や予防接種など「一定の取組」を受けている人です。その方は、スイッチOTC医薬品（注）の購入費用について年間12,000円を超えている場合、その超えた部分の金額（88,000円が上限となります。生計を一にしている家族の分も含まれます）について、その年分の総所得金額等から控除されることとなります。**ただし、スイッチOTC薬控除の特例適用を受ける場合には、医療費控除の適用を受けることができません。**ですので、1年間の医療費合計金額が10万円以下の場合等は、対象者自身がどちらを適用するか選択する必要があります。また、2017年1月1日〜2026年12月31日の10年間に購入した薬が対象となります。（2022年1月より5年間延長されました）

＜申告手続き＞
　セルフメディケーション税制の明細書」に必要事項を記入し、確定申告書と一緒に提出してください。

　制度の適用を受けるには、健康診断や予防接種など健康のための「一定の取組」をしていることが要件とされており、その取組を明らかにする領収書や結果通知などを、確定申告書へ添付又は申告時に提示することが求められていました。2021年度税制改正により、取組の名称等を医療費の明細書に記載することにより、取組を明らかにする書類の添付又は提示が不要とされ手続きの簡素化がなされました。（2021年分以後適用）
　明細書の記入内容を確認するため、必要があるときは税務署等から領収書などの提出又は提示を求めることがありますので、「一定の取組」を明らかにする領収書や結果通知、スイッチOTC医薬品を購入した領収書については、確定申告期限から5年間、ご自宅で保管してください。

（注）スイッチOTC医薬品とは
　従来は、医師の処方箋がないと使用できなかった医薬品を、薬局等で購入できるようにしたのがスイッチＯＴＣ医薬品です。例えば、痛み止め（ロキソニンＳ）や花粉症治療薬（アレグラ）などが当該特例の対象となっております。また、通常の風邪薬、胃腸薬や水虫等に薬効があるものなど多くの薬が対象となっておりますが、当該特例の対象とならない薬もあるので注意する必要があります。

＜セルフメディケーション税制　共通識別マーク＞

① 介護休業制度 ——————————————————

　ご家族の介護が必要となった場合、**介護休業制度**があります。これは、要介護状態にある家族を介護する方が、対象家族1人について通算93日まで3回を限度として取得できるというものです。

　要介護状態にあるとは、負傷、疾病または身体上もしくは精神上の障害により、2週間以上の期間にわたり常時介護を必要とする状態のことをいいます。

　また、対象となる家族は、
①配偶者
②父母
③子
④配偶者の父母
⑤祖父母、兄弟姉妹または孫です。

　但し、労働組合か労働者代表と会社が労使協定を締結することによって、雇用された期間が1年未満の労働者や93日以内に雇用関係が終了する労働者等を介護休業の対象者から除外している場合がありますので、ご注意ください。

　育児休業同様、介護休業を取得したことを理由として解雇されることはありません。また、年次有給休暇の計算上、介護休業の期間は出勤したものとして扱うように法律で定められていますので、介護休業が終わって出勤したら年次有給休暇の権利がなくなっていたということはありません。介護休業中の賃金の支払まで法律で課せられているわけではありませんので、無給となることが多いようです。

　会社によっては、休業中も一部賃金を支払ったり、93日以上休みを取得できたりなど法律で定められている基準以上の制度にしている場合もあります。

② 1年5日の介護休暇制度

　要介護状態にある家族の介護や病院の付き添い等の世話をする方は、1年間に5日（対象者が2人以上の場合は、1年間に10日）の介護休暇が取得できます。介護休暇は時間単位でも取得できます。要介護状態や対象家族の定義は、介護休業と同じです。

③ その他の介護のための制度

　要介護状態にある家族を介護する方は、事業主に請求すれば時間外労働を1か月24時間・1年150時間以内にしてもらうことができます。同様に深夜業（午後10時〜午前5時）をしないようにしてもらうことができます。
　会社には、介護休業をとらない人のために介護休業に準じる措置を講じる義務が課せられています。
　準じる措置とは、
　①短時間勤務の制度
　②フレックスタイム制
　③始・終業時刻の繰上げ・繰下げ
　④労働者が利用する介護サービスの費用の助成その他これに準ずる制度です。
　このうちの少なくとも1つを会社は制度として設けなくてはなりませんので、自分の勤務している会社でどんな制度が設けられているのかご確認ください。

④ 介護休業中は給与の67％の給付金

　介護休業給付金は、次頁の受給資格を満たしている雇用保険の一般被保険者が、家族を介護するために介護休業を取得して給与が一定水準を下回った場合に、介護休業期間中の各支給単位期間（休業開始日から起算して1か月ごとの期間のこと）について支給されます。介護休業給付金は支給対象となる同じ家族について93日を限度に3回までに限り支

給されます。

＊受給資格
　　○要介護状態にある対象家族を介護している
　　○休業を開始した日前2年間に、賃金の支払の基礎となった日が
　　　11日以上又は支払の基礎となった時間数が80時間以上ある月
　　　が通算して12か月以上ある
　支給額は、休業開始時賃金月額（休業開始前6か月間の平均賃金）の
67%ですが、支給単位期間において就業していると認められる日数が
10日以下であるとともに休業日が1日以上あることが必要です。また、
支給単位期間中に賃金が支払われた場合、下記の扱いとなります。
　　○介護休業はいくら給付金が出るの？

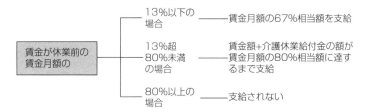

賃金が休業前の賃金月額の	13%以下の場合	賃金月額の67%相当額を支給
	13%超80%未満の場合	賃金額+介護休業給付金の額が賃金月額の80%相当額に達するまで支給
	80%以上の場合	支給されない

●介護のための制度

介護休業	要介護状態にある家族を介護する方が、対象家族1人について通算93日まで3回を限度として休みを取得できる
介護休暇	要介護状態にある家族の介護や病院の付き添い等の世話をする方は、1年間に5日（対象者が2人以上の場合は、1年間に10日）の介護休暇（時間単位も可）が取得できる
時間外労働の制限	請求をすれば、1か月24時間・1年150時間以内に時間外労働を制限できる
深夜業の制限	請求をすれば、深夜業をしなくてよい
介護休業に準じる措置	短時間勤務の制度、フレックスタイム制、始・終業時刻の繰上げ・繰下げ、労働者が利用する介護サービスの費用の助成その他これに準ずる制度のうち最低でも1つ
介護休業給付	介護休業を取得した場合、最大で賃金日額の67%の給付金が支給される

公的年金や労災でもらえる遺族給付は？

① 遺族基礎年金は、子のある配偶者で約100万円

遺族基礎年金は

① 国民年金の被保険者が死亡したとき

② 被保険者であった60歳以上65歳未満の人で日本国内に住所を有していた人が死亡したとき

③ 老齢基礎年金の受給権者であった人[1]が死亡したとき

④ 老齢基礎年金の受給資格期間を満たした人[1]が死亡したとき

[1] 保険料納付済期間、保険料免除期間および合算対象期間が25年以上ある人に限ります

上記①②③④の場合、**死亡していた人に生計を維持されていた子のある配偶者または子に支給されます。**

支給要件に該当する子（次頁参照）のいない配偶者には遺族基礎年金は支給されません。また、支給要件を満たす子がいなくなった場合、その時点で受給資格を失い、年金は支給されなくなります。

また、上記①と②の場合は次頁の**保険料納付要件**が必要です。
遺族基礎年金の額は、保険料を納めた月数に関係なく次頁のように子の人数などによって決まります。

遺族基礎年金を受給していた配偶者が再婚をすると、受給資格そのものがなくなってしまい、その後離婚しても再び遺族基礎年金を受給することはできません。子供の受給権はなくなりませんが、配偶者と生計を一つにしている間は支給停止となります。

●遺族基礎年金早分かり図

子のある配偶者
または
子

遺族基礎年金

○支給要件となる子
①18歳に達した後最初に到来する3月31日までの子
②障害年金の障害等級1級または2級に該当する程度の障害を
　持つ20歳未満の子

○保険料納付要件
・左頁①②の場合は死亡日の前日において、死亡日が含まれる
　月の前々月までの公的年金の加入期間の2/3以上の期間につ
　いて、保険料が納付又は免除されていること。
・なお、死亡日が令和8年3月末日までのときは、死亡日にお
　いて65歳未満であり、死亡日のある月の前々月までの1年間
　に保険料の未納がなければよいことになっています。

　厚生年金の被保険者期間（国民年金の第2号被保険者）と、
第2号被保険者の被扶養配偶者（第3号被保険者）期間は、滞
納期間でなく保険料納付済期間となります。

●ひと目で分かる遺族基礎年金額

	妻と子供の場合	子供だけの場合
子供1人	1,023,700円	795,000円
子供2人	1,252,400円	1,023,700円
子供3人目から子供1人につき76,200円加算		

② 遺族基礎年金をもらえない自営業者の妻には

　第1号被保険者（自営業者など）の妻で、**遺族基礎年金**を受けることのできない人は、**寡婦年金**や**死亡一時金**を受けることができる場合もあります。

　寡婦年金は、第1号被保険者としての被保険者期間に係る保険料納付済期間（保険料免除期間を含む）が10年以上である夫が老齢年金などを受けずに死亡した場合に支給されますが、次頁の支給要件が必要です。

　寡婦年金は、死亡した夫の第1号被保険者期間の老齢基礎年金額の3/4が支給されます。老齢基礎年金の計算方法は、第7章第2節をご参照ください。

　支給されるのは、60歳から65歳になるまでの5年間です。したがって支給要件を満たしている場合でも60歳になるまで支給されません。また、再婚したり、次頁の死亡一時金の支給を受けた場合は寡婦年金は支給されません。

　死亡一時金は、国民年金保険料を3年以上納付した人が死亡し、遺族の人が遺族基礎年金を受けることができない場合に支給されます。

　死亡一時金を受けることができる遺族の範囲と支給順位は、①**配偶者**、②**子**、③**父母**、④**孫**、⑤**祖父母**、⑥**兄弟姉妹**です。支給額は次頁のように保険料を納付した期間によって違います。また、2年以内に請求しないと時効となってしまい、以後死亡一時金の請求ができなくなります。

●遺族基礎年金をもらえないときは

遺族基礎年金をもらえない場合	→	寡婦年金
		または
		死亡一時金

ただし、支給要件を満たしている場合に限る

○ **寡婦年金の支給要件**

下記のすべての要件が必要
・夫の死亡当時、夫によって生計を維持されていた
・死亡した夫との婚姻期間が10年以上
・妻の年齢が65歳未満
・死亡した夫が障害基礎年金を受け取ったことがない
・夫が老齢基礎年金の支給を受け取ったことがない
・妻が繰り上げ支給の老齢基礎年金の支給を受けていない

●ひと目で分かる国民年金死亡一時金の額

保険料納付済期間	金額
3年以上15年未満	120,000円
15年以上20年未満	145,000円
20年以上25年未満	170,000円
25年以上30年未満	220,000円
30年以上35年未満	270,000円
35年以上	320,000円

保険料納付済期間は、保険料納付済期間の月数と保険料1/4免除期間の3/4の月数、保険料半額免除期間の月数の1/2、保険料3/4免除期間の月数の1/4に相当する月数とを合算した月数です。

③ サラリーマンの配偶者には遺族厚生年金も

▶ 遺族厚生年金は、次の場合に支給されます。

①厚生年金の被保険者が死亡したとき

②被保険者だった人が、被保険者期間中に初診日がある傷病が原因で初診の日から5年以内に死亡したとき

③1級・2級の障害厚生（共済）年金を受け取っている人が死亡したとき

④老齢基礎年金の受給権者であった人[*1]が死亡したとき

⑤老齢厚生年金の受給資格期間を満たした人[*1]が死亡しとき

[*1] 保険料納付済期間、保険料免除期間および合算対象期間が25年以上ある人に限ります

①、②の場合には、127頁の遺族基礎年金の保険料納付要件を満たしていることが必要です。

　遺族厚生年金を受けられる遺族の範囲は、死亡した人に生計を維持されていた（イ）子のある妻または子（ロ）子のない妻（ハ）55歳以上の夫、父母、祖父母（支給開始は60歳から。ただし、夫は遺族基礎年金を受給中の場合に限り60歳より前でも遺族厚生年金も併せて受給できる。）（ニ）孫です。受給権者（前記遺族）の年収が850万円未満であれば死亡当時生計を維持されていたことになります。子や孫の場合は、遺族基礎年金と同様の年齢要件があります。また、結婚をすると受給資格そのものがなくなってしまい、その後離婚しても再び遺族厚生年金を受給することはできません。子のいない30歳未満の妻への遺族厚生年金は、5年の有期年金であり、夫の死亡後5年が経過すると支給が打ち切られます。

遺族厚生年金の額は、下図をご参照ください。

夫が死亡したときに40歳以上の子のない妻、または、子が18歳に達したため遺族基礎年金を受給できなくなった妻が受ける場合には、40歳から65歳になるまで596,300円が加算（中高齢の加算）されます。

●遺族の優先順位と受け取る遺族年金の種類の例

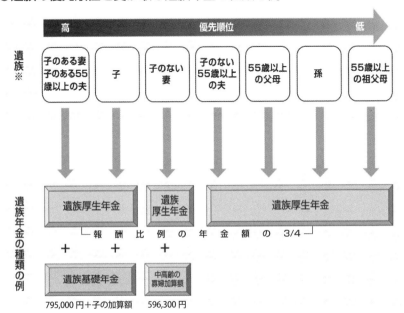

＊報酬比例の年金額の計算については、221頁をご参照ください。ただし、前頁①②③の場合、被保険者期間の月数が300に満たない場合、300をその月数で割った数を計算式に掛けて計算し、全体を300月分に増額します。つまり、どんなに被保険者期間が短い人でも300月加入していたものとみなされて計算されます。

先順位の人が遺族厚生年金を受けると次順位の人は受けられません。子が受ける遺族厚生年金は、妻が遺族厚生年金を受ける間は支給停止されます。夫が受ける遺族厚生年金は、子が遺族厚生年金を受ける間、支給停止されます。

④ 業務上死亡したら労災から手厚い給付

　業務災害や通勤災害で死亡した場合、**労働者災害補償保険**（以後労災保険という）から遺族に対してさまざまな給付があります。労働者の遺族保護の観点から遺族厚生年金などに比べて支給範囲も広く、手厚いものとなっています。また、労働者であれば正規従業員に限らず、パートタイマーやアルバイトなどの臨時従業員も対象となります。労働災害と通勤災害では給付の名称は違いますが、給付内容は同じです。以後この節では、労働災害の給付の名称を使用します。

　遺族補償年金が原則ですが、年金の受給資格者が誰もいなかったり、いなくなったりしたときは一時金として支給されたり、年金をある程度前払いでもらったりすることもできます。

　遺族補償年金は、遺族厚生年金や遺族基礎年金（または寡婦年金）と併給（両方の支給を受ける）できますが、下記の調整率を乗じた額が遺族補償年金の支給額となります。つまり、遺族厚生年金や遺族基礎年金は満額ですが、労災保険の遺族補償年金が減額されるということです。

併給される年金の種類	調整率
遺族厚生年金	0.84
遺族基礎年金（または寡婦年金）	0.88
遺族厚生年金＋遺族基礎年金（または寡婦年金）	0.80

　ただし、調整され減額となる額が、併給される遺族厚生年金などを超えることはありません。

●こんなにある労災保険の給付

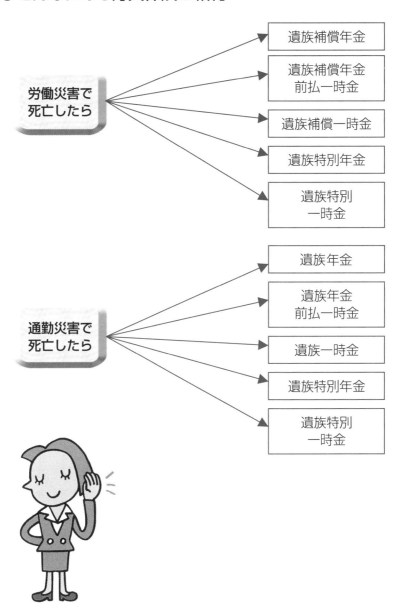

⑤ 労災保険の遺族補償年金は、153日分から ───

　労災保険の**遺族補償年金**は、労働者の死亡当時その収入によって生計を維持していた「配偶者、子、父母、孫、祖父母及び兄弟姉妹」に対して支給されます。

　妻以外の遺族については、年齢などの一定の要件があります。受給権者となる順位とともに、次頁でご確認ください。

　遺族補償年金は、すべての受給資格者に支給されるのではなく、受給資格者のうちで最も先の順位にある人（受給権者）にだけ支給されます。同順位の受給権者が数人いるときは、等分した額がそれぞれ支給されます。受給権者が死亡したり、婚姻したり18歳に達する日以後の最初の3月31日に達したときなどの場合には、その人の受給権は消滅しますが、同順位にほかの受給権者がいない場合には、次順位の受給資格者が受給権者となります。これを転給といい、厚生年金にはない特色といえます。

　遺族補償年金の支給額は、次頁のとおりです。

⑥ 労災保険の遺族には300万円の一時金も ───

　年金とは別に遺族の人数にかかわらず300万円の**遺族特別支給金**が支給されます。支給されるのは、遺族補償年金の最先順位の受給資格者、または遺族補償一時金の受給権者です。遺族特別一時金の受給権者が2人以上いるときは、300万円をその人数で割った金額がそれぞれに支給されます。

●遺族補償年金をもらえる順位

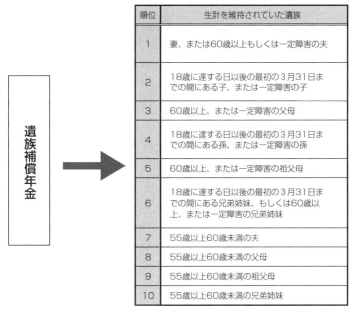

順位	生計を維持されていた遺族
1	妻、または60歳以上もしくは一定障害の夫
2	18歳に達する日以後の最初の3月31日までの間にある子、または一定障害の子
3	60歳以上、または一定障害の父母
4	18歳に達する日以後の最初の3月31日までの間にある孫、または一定障害の孫
5	60歳以上、または一定障害の祖父母
6	18歳に達する日以後の最初の3月31日までの間にある兄弟姉妹、もしくは60歳以上、または一定障害の兄弟姉妹
7	55歳以上60歳未満の夫
8	55歳以上60歳未満の父母
9	55歳以上60歳未満の祖父母
10	55歳以上60歳未満の兄弟姉妹

遺族補償年金 →

＊7から10の人は、受給権者になった場合でも60歳に達するまで年金が支給停止されます。

●ひと目で分かる遺族補償年金の支給額

遺族数	支給額
1人	給付基礎日額の153日分
1人(55歳以上、または一定の障害にある妻)	給付基礎日額の175日分
2人	給付基礎日額の201日分
3人	給付基礎日額の223日分
4人以上	給付基礎日額の245日分

＊遺族数は、遺族補償年金の受給権者及び受給権者と生計を同じくしている受給資格者の人数です。

　給付基礎日額とは、直前の賃金締切日以前3か月間の賃金総額（3か月を超える期間ごとに支払われるものなどを除く）を暦日数で割ったものです。年齢階層別に上限・下限があります。

7 労災保険では、必要があれば 年金1000日分が前払い可能

　労働災害や通勤災害で死亡するということは、残された遺族にとっては一家の大黒柱を失うことになり、日々の生活に大きな支障をきたすこととなります。そこで、労災保険では、遺族補償年金の受給権者が希望すれば、遺族補償年金を前払いする制度が設けられています。前払一時金の額は下のとおりです。

　前払一時金の請求は、遺族補償年金の請求と同時に行うのが原則ですが、遺族補償年金の支給決定の通知のあった日から1年以内であれば、遺族補償年金の請求をした後においても行うことが認められます。また、原則一度しか請求できません。前払一時金が支給されると、遺族補償年金の毎月分の額の合計額が前払一時金の額に達するまで支給が停止されます。

●ひと目で分かる遺族補償前払一時金

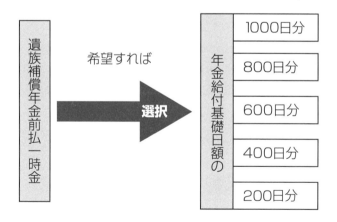

遺族補償年金前払一時金

希望すれば　選択

年金給付基礎日額の
1000日分
800日分
600日分
400日分
200日分

 ## 8 遺族補償年金がもらえなくても1000日分の一時金

　遺族補償年金の受給資格者がいない場合、年金給付基礎日額の1000日分が遺族補償一時金として、３００万円が遺族補償特別給付金として

支給されます。また、遺族補償年金の受給権者がすべて失権し、遺族補償年金や遺族補償前払一時金の支払合計額が1000日に達していないときは、その差額が支払われます。

遺族補償一時金の受給権者と順位は下のとおりです。

●遺族補償一時金の受給権者と順位

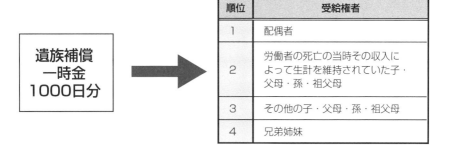

**遺族補償
一時金
1000日分**

順位	受給権者
1	配偶者
2	労働者の死亡の当時その収入によって生計を維持されていた子・父母・孫・祖父母
3	その他の子・父母・孫・祖父母
4	兄弟姉妹

⑨ まだある労災からの給付

そのほか特別給与を基礎とする**遺族特別支給金**があります。特別給与とは、3か月を超える期間ごとに支払われる給与（賞与など）のことです。遺族特別支給金には、遺族補償年金の受給者を対象とした遺族特別年金、遺族補償一時金の受給者を対象とした遺族特別一時金があります。支給対象者並びに支給金額は次頁のとおりです。

⑩ 葬儀代の支給は、健保も労災も

労働災害や通勤災害で死亡したときは、労災保険から**葬祭料**が、私傷病などで死亡したときには健康保険や国民健康保険から**埋葬料**などが支給されます。支給金額などは、次頁でご確認ください。

健康保険の場合、①資格喪失後3か月以内に死亡したとき、②資格喪失後も継続して傷病手当金、出産手当金を受けていた者が死亡したとき、③前記②の給付を受けなくなって3か月以内に死亡したときにも埋葬料（費）が支給されます。

また、健康保険の場合、被保険者の被扶養者が死亡した場合、家族埋

葬料として5万円が被保険者に支給されます。

●すぐ分かる遺族特別支給金

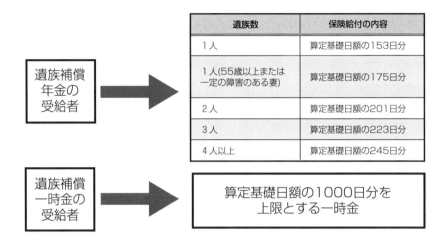

遺族数	保険給付の内容
1人	算定基礎日額の153日分
1人(55歳以上または一定の障害のある妻)	算定基礎日額の175日分
2人	算定基礎日額の201日分
3人	算定基礎日額の223日分
4人以上	算定基礎日額の245日分

遺族補償年金の受給者 →

遺族補償一時金の受給者 → 算定基礎日額の1000日分を上限とする一時金

＊被災前1年間に支払われた特別給与の合計額を算定基礎年額（給付基礎日額の365倍に相当する額の20％相当額〈最高限度額150万円〉を限度とする）といい、これを365で除したものが算定基礎日額です。

●葬儀料一覧表

保険種類	名　称	支給金額
協会けんぽ	埋葬料	被保険者によって生計を維持している者で埋葬を行う者に5万円
	埋葬費	埋葬料を受ける者がいないときには、実際に埋葬を行った者に5万円を限度に実際に要した費用
国民健康保険	葬祭費	市区町村によって差がある
労災保険	葬祭料	315,000円＋給付基礎日額の30日分と給付基礎日額の60日分の多い方

その1　年金、健康保険の給付を受けられないことも

 ① 年金をもらえない場合

　障害基礎（厚生）**年金**や**遺族基礎**（厚生）**年金**の場合、保険料の納付要件が問われます（109、127頁参照）。いつの時点なのかというと、障害の場合は初診日の前日、遺族の場合は死亡した日の前日だということです。つまり、そういった事態が起こった後に、保険料納付要件を満たすためにあわてて保険料を納付しようと思っても手遅れだということです。

　また、老齢基礎（厚生）年金も保険料納付済期間と保険料免除期間が合計で原則10年ないと受給できません。また、たとえ10年あっても未納期間があればその分年金の額は減ってしまいます。

 ② 保険料免除制度の活用を

　上記のように保険料を納付していないと本来もらえるものがもらえなかったりします。しかし、経済的な理由などで国民年金保険料が支払えない人のためにさまざまな**保険料免除制度**が設けられています。詳細は次頁のとおりです。これらの制度の手続きは市区町村の国民年金の窓口で行ってください。失業をした場合にも申請することにより、保険料の納付が免除となったり、猶予となる場合があります。

 ③ 医療を受けられないことも

　国民健康保険料を納付していないと、被保険者証を回収されたり、保険から必要な給付が受けられないということもあります。国民健康保険も保険料免除制度があります。

●障害・遺族基礎年金保険料納付要件

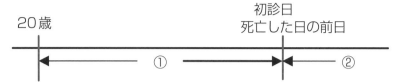

①の期間のうち保険料納付済期間と保険料免除期間の合計が2/3
　以上必要
②になるとどうしようもできない

●国民年金保険料免除・猶予制度一覧表

制度名	内容	対象者	免除や猶予された期間の扱い
法定免除	全額免除	障害基礎（厚生）年金を受けている人 生活保護を受けている人	免除された期間は老齢基礎年金の額に1/2反映(1/3)
申請免除	全額免除	前年の世帯の所得が一定以下の人	免除された期間は老齢基礎年金の額に1/2反映(1/3)
	3/4免除		免除された期間は老齢基礎年金の額に5/8反映(1/2)
	半額免除		免除された期間は老齢基礎年金の額に3/4反映(2/3)
	1/4免除		免除された期間は老齢基礎年金の額に7/8反映(5/6)
学生納期特例	納付を猶予	本人の所得が一定以下の学生	追納がなかった場合、老齢基礎年金の額には反映されないが、受給資格期間(216頁参照）には参入される
保険料納付猶予制度	納付を猶予	20歳から50歳未満の方で本人・配偶者の前年の所得が一定以下の人	
産前産後期間の保険料免除制度	全額免除	出産予定日又は出産日の属する月の前月から4か月間の妊産婦	免除された期間は老齢基礎年金の額に10/10反映
特例免除	申請免除と同様	失業又は、事業の廃止又は休止の届け出を行っている人	申請免除と同様

反映の（　）内は、平成21年3月以前の免除期間についてです。

※失業した場合も申請することにより保険料が免除になったり、納付が猶予となる場合があります。

免除や猶予された期間の保険料は、10年以内であれば追納することができます。しかし、免除や猶予以外で未納であったものは2年までしか遡ることはできません。

その2　税金の申告納付を忘れることは自己責任

 ① 未納・滞納した場合、年率14.6%の恐怖 ────

　納税者が「災害に遭った」「病気療養中である」などの特別な理由もなく、納付の期限までに税金を納付しない状態を**「滞納」**といいます。滞納をしている人に対しては、国、県、市（区）町村が独自に滞納手続きを行うことができます。

　催告後も滞納状況が続く場合、やむを得ず財産の差し押さえを行うことになります。

　財産差し押さえ後は、換価・配当にいたる一連の滞納処分の手続きに移行することになります。

　滞納処分は、自主的に納付していただけない場合に、法律に基づく手続きをとり、税金を滞納している人の意思に関わりなく、滞納になっている税金を強制的に徴収するため、その人の財産を差し押さえ、換価（公売）し、滞納になっている税金に充てて完納させる一連の手続きをいいます。

　特別な事情がない限り、決められた納期限に納めることが望ましいといえます。

　なお、無申告、申告した税額が少ない、納期限までに納付しなかったなどの場合には、ペナルティー（行政罰）が課されます。さらに、脱税など悪質な場合は、刑事罰が課される場合もあります。

（1）行政上の罰則（行政罰）
　①延滞税
　　税金が定められた期限までに納付されない場合には、原則として法定納期限の翌日から納付する日までの日数に応じて、利息に相当する延滞税が自動的に課されます。原則として年14.6%ですが、近時の低金利を配慮して、下記（イ）（ロ）のような特例措置があります。
　　（イ）納期限の翌日から2か月を経過する日までは、年7.3%と特

第5章　万が一のときに損しないための基礎知識

例　　　　基準割合+1%のいずれか低い割合

　（ロ）納期限の翌日から2か月を経過した日以後は、年14.6%と特
例　　　　基準割合+7.3%のいずれか低い割合

※特例基準割合とは、各年の前々年の10月から前年の9月までの各月
　における銀行の新規の短期貸出約定平均金利の合計を12で除して
　得た割合として各年の前年の12月15日までに財務大臣が告示する
　割合に、年1%の割合を加算した割合です（2023年の特例基準割合
　は、1.4%となります。したがって、（イ）の場合は2.4%、（ロ）の
　場合は8.7%となります）。

②利子税

　　事前の届出により所得税や相続税等の延納が認められた場合、また
は災害等によって申告書の提出期限を延長する場合に、延納日数に応
じて原則として年7.3%の割合で課されます。なお、延滞税と同様に
特例基準割合による特例措置があります。

③加算税

　　適正な申告・納付を怠った場合には、経済的な負担をかける意味で
の加算税が課されます。以下、原則的な取り扱いによる課税割合にな
ります。なお、税務調査等の前に自主的に申告した場合などは減免さ
れる場合もあります。

名称	課税要件等	課税割合・計算方法
（イ）過少申告加算税	期限内に申告したが、税額が過少であったなどのため修正申告または更正があった場合	**追加納付額×10%** ※期限内申告税額と50万円とのいずれか多い金額を超える部分は15% ※正当な理由等がある場合には不適用
（ロ）無申告加算税	期限内を過ぎて申告書を提出した場合、あるいは申告書を提出しないために決定の処分を受けた場合など	**納付すべき税額×15%** ※50万円超の部分は20% ※短期間に繰り返した場合の加重措置あり ※正当な理由等がある場合には不適用・軽減あり

（ハ）不納付加算税	源泉徴収税等による国税を納期限までに完納しなかった場合	**不納付税額× 10%** ※正当な理由等がある場合には不適用・軽減あり
（ニ）重加算税	納税者が事実の仮装・隠ぺいをしたことに基づく過少申告、無申告、不納付の場合、（イ）（ロ）（ハ）に代えて課される	**（イ）（ロ）にかえて 35%** **（ハ）にかえて 40%** ※短期間に繰り返した場合の加重措置あり

（2）脱税など悪質な場合の刑事罰

　　141頁（1）のペナルティーに加え、特に悪質な場合には刑事罰も課　せられる場合があります。なお、税目により一部異なる場合がありま　すが、所得税・法人税・相続税などの直接税の場合には、以下のよう　な罰則となります。

　①脱税犯（偽りその他不正行為により税を免れるなどの行為）

　　10年以下の懲役若しくは1,000万円（又は脱税額相当額）以下の罰金又は併科

　②秩序犯（申告書の不提出、検査拒否などの行為）

　　1年以下の懲役若しくは50万円以下の罰金

障害年金をもらえなかった例

　Aさんは、高校卒業後、定職に就かず、いわゆるフリーターとして働いていました。21歳のとき、12月から、大好きなスキーがいつでもできるからと、スキー場に2月までの3か月間アルバイトに行くことにしました。

　1月のある日、Aさんは、休みの日に大好きなスキーで、大ケガをしてしまいました。その事故が原因で障害等級2級に該当する障害が残ってしまいました。

　Aさんは、障害基礎年金をもらおうと思いましたが、もらうことはできませんでした。

　なぜかというと、下記の保険料納付要件を満たしていなかったのです。

○保険料納付要件

　初診日の前日において、次のいずれかの要件を満たしていることが必要です。

(1)　初診日のある月の前々月までの公的年金の加入期間の2/3以上の期間について、保険料が納付又は免除されていること。

(2)　初診日において65歳未満であり、初診日のある月の前々月までの1年間に保険料の未納がないこと。

　厚生年金の被保険者期間（国民年金の第2号被保険者）と、第2号被保険者の被扶養配偶者（第3号被保険者）期間は、滞納期間でなく保険料納付済期間となります。

　Aさんは、これまで国民年金の保険料をまったく納めておらず、また、フリーターであったために厚生年金にも加入していませんでした。このため、上記の保険料納付要件を満たすことができなかったのです。20歳まで遡って納付しようと思いましたが、保険料納付要件は、初診日の前日において判定されると言われ、もう、どうすることもできなかったのです。

　20歳になってから、国民年金を納付していれば、もらえたはずの年間約80万円の障害基礎年金。

　Aさんは、障害が残り、仕事に就くことが難しくなってもこれから先ずっと障害基礎年金を手にすることはできません。

第**5**節 離婚後、損しないために

その1　年金はこうなる

 ① 専業主婦（夫）は、離婚したら国民年金保険料 16,520円を自己負担

　国民年金第3号被保険者の主婦（夫）（20歳以上60歳未満）は、離婚をすれば第3号被保険者でなくなってしまいます。その結果どうなるのかといえば、第1号被保険者となり**国民年金保険料**16,520円（2023年度）を自己負担するのか、厚生年金の適用事業所で一般社員の所定労働時間の3/4時間以上働いて（特定適用事業所または任意特定適用事業所の場合、週所定労働時間20時間等。16、67頁参照）第2号被保険者になるかです。結婚する前の状態に戻ったということです。

　健康保険の場合①国民健康保険、②全国健康保険協会管掌健康保険、③親などの扶養親族になる、の3つの選択肢があります。

　詳細は第1章第2節をご参照ください。

② 婚姻中の年金の扱い

　婚姻中第3号被保険者であった主婦（夫）は、その間国民年金保険料のみ納付したことになります。つまり、その期間は**老齢基礎年金**にのみ反映されることとなります。夫（妻）の厚生年金や共済年金は、妻（夫）には反映されません。

　また、離婚後、元夫（妻）が亡くなっても遺族基礎年金なども支給されることはありません。

●フローチャートで分かる離婚した場合

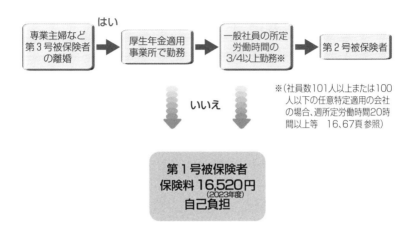

③ 離婚しても年金分割可能

●合意分割制度

　離婚等をし、以下の条件に該当したときに、当事者の一方または双方からの請求により、婚姻期間中の厚生年金記録（標準報酬月額・標準賞与額）を当事者間で分割することができる制度です。

・婚姻期間中の厚生年金記録（標準報酬月額・標準賞与額）があること。

・当事者の合意または裁判手続きにより按分割合を定めたこと。（合意がまとまらない場合は、当事者の一方の求めにより、裁判所が按分割合を定めることができます。）

・請求期限（原則、離婚等をした日の翌日から起算して2年以内）を経過していないこと。

　なお、合意分割の請求が行われた場合、婚姻期間中に3号分割の対象となる期間が含まれるときは、合意分割と同時に3号分割の請求があったとみなされます。

　したがって、3号分割の対象となる期間は、3号分割による標準報酬の分割に加え、合意分割による標準報酬の分割も行われます。

●3号分割

　離婚等をし、以下の条件に該当したときに、国民年金の第3号被保険者であった方からの請求により、平成20年4月1日以後の婚姻期間中の第3号被保険者期間における相手方の厚生年金記録（標準報酬月額・標準賞与額）を2分の1ずつ、当事者間で分割することができる制度です。

・婚姻期間中に平成20年4月1日以後の国民年金の第3号被保険者期間があること。

・請求期限（原則、離婚等をした日の翌日から起算して2年以内）を経過していないこと。

　なお、「3号分割制度」については、当事者の合意は必要ありません。ただし、分割される方が障害厚生年金の受給権者で、この分割請求の対象となる期間を年金額の基礎としている場合は、「3号分割」請求は認められません。

●離婚時の厚生年金の分割イメージ

専業主婦の場合

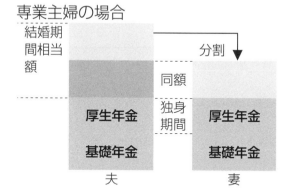

婚姻中の夫の厚生年金の50%を妻に

共働きの場合

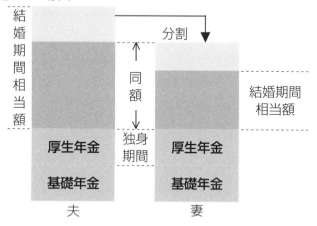

その2　離婚の代償はお金に換算できる？

 ① 単身者は増加傾向に ―――――――――――――――

　最近、世帯の構成が相当の変化をしてきました。最も顕著なのが、単身者の増加です。ひと言に単身者といっても、3種類に分けることができます。第1に、結婚をしない単身者、第2に、離婚により単身者になった人、第3に、どちらか一方が死亡した後、再婚せず単身者になっている人です。この本の本質でもある多様な生き方を象徴しているデータです。この節では、離婚に陥った場合の税金の取り扱いについて考えてみたいと思います。

世帯構成の年次推移

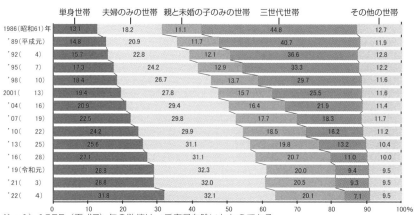

注：1) 1955（平成7）年の数値は、兵庫県を除いたものである。
　　2) 2016（平成28）年の数値は、熊本県を除いたものである。
　　3) 2020（令和2）年は、調査を実施していない。
　　4)「親と未婚の子のみの世帯」とは、「夫婦と未婚の子のみの世帯」及び「ひとり親と未婚の子のみの世帯」をいう。

（厚生労働省「2022（令和4）年 国民生活基礎調査の概況」引用）

12月31日で決まる扶養控除の判定

　扶養控除についての重要性は、本書にて触れてきましたが、扶養控除の判定日（死亡のときは死亡時に判定する）は、原則12月31日現在で行います。そのため、よく言われることは、「結婚、出産は年内に、離婚は年明けに」という言葉です。なかなか、うまくいくかどうかは分かりませんが、節税という観点から考えますと、上述のようになります。

 ## 財産分与・慰謝料のポイント

　離婚したときには、必ず財産分与・慰謝料が問題になり、なおかつ、それらの税金の取り扱いの質問（疑問）をよく耳にします。
　一方が、相手方に財産を渡すことを財産分与と言います。これは、婚姻生活でお互いに築き上げた財産の清算です。これに対し、離婚の原因になったことによる慰謝料があります。慰謝料については、心身に加えられた損害につき支払いを受ける金銭に該当しますので、税法上、非課税に該当します。

	現金で	不動産で
財産分与を 支払う側	非課税	譲渡所得税が課税
財産分与を 受け取る側	非課税	非課税　（ただし、 不動産取得税が課税）
慰謝料	非課税	非課税

譲渡所得に該当してしまうもの（原則）

　いちばん多い質問と思われるのが土地・建物の財産分与の場合の取り扱いではないでしょうか。原則、この場合には、分与した人は、時価で

売却したことと同じことになり、譲渡所得の課税対象となります。

　これは法的には離婚の成立によって財産分与義務が発生し、財産分与義務の履行によって財産分与義務の消滅という経済的利益が生じるという理由です。

⑤ 3,000万円控除を!!

　マイホームを売ったときは、居住用財産の譲渡の特例である3,000万円控除（譲渡益が3,000万円以内であれば税金はかからない）などが使えます。本来、この特例は、妻を含んだ親族に対しては適用できません。そのため、この規定を適用できる場合は順番を間違えると損をします。すなわち、離婚届け提出後の譲渡とする必要があります。

　ただし、注意点があります。これを利用したことにより、住宅取得のためのローン控除の制度は利用できなくなりますので注意してください。

⑥ 婚姻生活が20年以上の場合

　婚姻生活が20年以上の場合には、2,110万円まで、贈与税が非課税となる特例があります（195頁を参照）。

⑦ 養育費について（原則）

　扶養義務者相互間において、生活費や教育費に充てるために贈与により取得した財産のうち通常必要なものについては、贈与税は課税されないことになっています。

　この場合、一般的に協議離婚などによって家庭裁判所などが取り決めた養育費の額であれば、贈与の対象とはならないはずですが、あまりにも多額の金額であると贈与と認定されることもあります。また、生活費や教育費の名目で一括して贈与した場合には、受贈者に対して贈与税が課税されます。

⑧ 贈与に該当してしまう場合

　世の中には、いろいろと考える人がおります。離婚をすることにより、贈与税や相続税を免れようとしたために行われたと認められた場合は、離婚によって得た財産については、すべて贈与税の対象となります。

その3　ひとり親家庭のための支援策

　子供を抱える人が離婚をすると必然的にひとり親家庭ということになります。ひとり親家庭は、国から特に就職が困難な人と位置付けられており、その支援策が実施されています。

名　称	概　要
自立支援教育訓練給付金	指定の教育訓練講座を受講し、修了した場合に経費の60%（4年で1,600,000円が上限）が支給される。（雇用保険の一般教育訓練給付金の支給を受けることができる場合はその支給額との差額を支給）
高等職業訓練促進給付金	看護師、介護福祉士、保育士等の資格取得のため、カリキュラムが1年以上ある養成機関に入学し資格取得が見込まれる場合に支給される。 (1)高等職業訓練促進給付金 　　　　月額　70,500円〜140,000円 (2)高等職業訓練修了支援給付金 　　養成機関修了後に　25,000円〜50,000円
高等学校卒業程度認定試験合格支援事業	高等学校卒業程度認定試験の合格を目指す講座を受講した場合に支給 (1)受講修了時給付金 　　　　受講費用の4割（上限100,000円） (2)合格時給付金 　　　受講費用の2割（受講修了時給付金と 　　　　　　　合わせて上限150,000円） ＊受講修了時から2年以内に全科目合格した 　場合に支給

　これらの給付金を受けるには、児童扶養手当の支給を受けている（または、児童扶養手当を受けられる所得）こと等が条件になります。

第6節 ある日突然失業したら

その1　失業したら、雇用保険を最大限活用しよう

① 働く能力と意思があってこそ失業

　失業とは、「働く意思と能力があるにもかかわらず職業に就くことができない」状態のことをいいます。したがって、結婚や出産を機に退職して専業主婦になろうと思っているのなら失業とはいいません。単なる離職者です。定年退職をして再就職するつもりがない場合も同様です。

② 失業中にどんな給付が受け取れるの

　失業期間中は、雇用保険から**求職者給付**や**就職促進給付**の支給を受けることができます。また、被保険者の種類（詳細は第1章第2節④を参照）によってももらえるものが違います。次頁をご覧ください。

③ 一般被保険者の給付

①まずは基本手当の支給

（イ）**基本手当**の受給資格

　基本手当は、失業をしている日1日ごとに支給されます。ただし、受給するためには離職日から遡って2年の間に被保険者期間が原則12か月以上必要です。被保険者期間としてカウントされるのは、賃金の支払の基礎となった日が11日以上又は支払の基礎となった時間数が80時間以上ある月です。解雇等による離職等に該当する特定受給資格者又は特定理由離職者については、前記の条件を満たさない場合でも、離職日から遡って1年の間に被保険者期間が6か月以上あれば受給資格を満たすことができます。

第5章　万が一のときに損しないための基礎知識

●雇用保険の失業とは

働く意思
＋
働く能力
＋
職業に就く
ことができ
ない
＝
失　業

●こんなにある雇用保険の給付

目的 / 被保険者の種類		一般被保険者	高年齢被保険者	短期雇用特例被保険者	日雇労働被保険者
求職者給付	失業中の生活の安定を図る	基本手当	高年齢求職者給付金	特例一時金	日雇労働求職者給付金
	公共職業訓練の受講	技能習得手当	————	技能習得手当	————
	公共職業訓練の受講のための寄宿	寄宿手当	————	寄宿手当	————
	傷病期間中の生活の安定を図る	傷病手当	————	————	————
就職促進給付	早期の再就職	就業手当	————	————	————
		再就職手当	————	————	————
		就業促進定着手当	————	————	————
	就職困難者の再就職	常用就職支度手当	常用就職支度手当	常用就職支度手当	常用就職支度手当
	就職の為の移転	移転費	移転費	移転費	移転費
	求職活動の費用の補填	広域求職活動費	広域求職活動費	広域求職活動費	広域求職活動費
	職業に関する教育訓練	短期訓練受講費	短期訓練受講費	短期訓練受講費	短期訓練受講費
	保育サービスを利用した費用の補填	就職活動関係役務利用費	就職活動関係役務利用費	就職活動関係役務利用費	就職活動関係役務利用費

（ロ）受給資格の決定を受けるには

　基本手当をもらうためには、退職時に事業主から交付された**「雇用保険被保険者離職票」**を**ハローワーク**に提出するとともに、求職の申し込みをしなければなりません。この手続きを「受給資格の決定」といいます。基本手当の対象となるのは、離職日の翌日から原則1年間（受給期間）です。この期間を過ぎると、いくら残日数があっても原則として基本手当の支給を受けることができません。

（ハ）基本手当はすぐにはもらえない

　基本手当は、求職の申し込み日以降、失業している日が対象となりますが、このうち最初の7日は、**待機期間**であり、失業をしていても基本手当の支給はありません。また、自己の責めに帰すべき重大な理由によって解雇（重責解雇）された場合や、正当な理由がなく自己都合で退職した場合は、さらに2又は3か月間支給されないという**「給付制限」**があります。

（ニ）どうしたらもらえるの

　基本手当をもらうためには、4週間に1回ごとに定められた日にハローワークで失業をしていることの認定を受けなければなりません。ここで認定を受けた日数分の基本手当が、銀行に振り込まれます。

（ホ）何日もらえるの

　所定給付日数は次頁をご覧ください。

●退職から失業給付をもらうまでの流れ

病気やケガ、出産や育児などの理由で３０日以上求職活動ができ
ない場合最大３年間受給期間を延長できます。

●ひと目で分かる雇用保険所定給付日数

☆一般の離職者（下記２つ以外の理由で離職した人）

離職時の年齢	被保険者であった期間				
	1年未満	1年以上 5年未満	5年以上 10年未満	10年以上 20年未満	20年以上
全年齢	——	90日	90日	120日	150日

☆障害者等の就職が困難な人

離職時の年齢	被保険者であった期間				
	1年未満	1年以上 5年未満	5年以上 10年未満	10年以上 20年未満	20年以上
45歳未満	150日	300日			
45歳以上65歳未満	150日	360日			

☆倒産・解雇等により再就職の準備をする時間的余裕なく離職を
余儀なくされた人

離職時の年齢	被保険者であった期間				
	1年未満	1年以上 5年未満	5年以上 10年未満	10年以上 20年未満	20年以上
30歳未満	90日	90日	120日	180日	－
30歳以上35歳未満	90日	120日	180日	210日	240日
35歳以上45歳未満	90日	150日	180日	240日	270日
45歳以上 60歳未満	90日	180日	240日	270日	330日
60歳以上 65歳未満	90日	150日	180日	210日	240日

＊公共職業訓練受講や雇用失業情勢によって、上記日数が延長されることがある。
＊被保険者であった期間は、過去の被保険者期間を通算できることもあります。

（ヘ）1日いくらもらえるの

　離職前の6か月間の賃金（3か月を超える期間ごとに支払われるものは除く）の総額を180で割ったものが賃金日額です。この賃金日額に給付率を乗じたものが**基本手当の日額**です。この日額が失業の認定を受けた日1日に対して支給される金額です。給付率は、年齢や賃金日額によって0.5〜0.8まで（60〜64歳の方は0.45〜0.8）となっています。賃金の低い人ほど高い率となっています。

②病気のときは傷病手当

　病気やケガで15日以上職に就くことができないときは、基本手当は支給されません。その代わり、**傷病手当**の申請ができます。傷病手当の日額は、基本手当の日額と同じです。傷病手当の支給を受けた日数だけ所定給付日数が減ります。

③早く就職すれば就職促進給付

　所定給付日数を一定以上残して職業に就いた場合は、就職後に、その日数に応じた割合で一時金が支給されます。これを**就業促進手当**といいます。就業促進手当には、**就業手当、再就職手当、就業促進定着手当**などがあります。また、雇用保険の適用事業所の事業主となるような自営業を開始した場合も支給されることもあります。詳細は、次頁でご確認ください。このほかに再就職手当などの支給を受けていない身体障害者など、就職が困難な人がハローワークを通じて安定した職業に就いた場合、要件を満たせば常用就職支度手当が支給されます。

　再就職手当の支給を受けた人が、引き続きその再就職先に6か月以上雇用され、かつ再就職先で6か月の間に支払われた賃金の1日分の額が雇用保険の給付を受ける離職前の賃金の1日分の額（賃金日額）に比べて低下している場合、就業促進定着手当が支給されます。

● 1日にもらえる失業給付の金額

$$基本手当の日額 = \frac{離職前6か月間の賃金総額}{180} \times 給付率$$

●ひと目で分かる就業促進手当

常用雇用で
就職したら

◆再就職手当
基本手当の支給残日数が所定給付日数の3分の1以上
あり、一定の要件に該当する場合に支給されます。
支給額は、
・残日数が2/3以上の場合
所定給付日数の支給残日数×給付率(70%)×基本手当日額
・残日数が1/3以上の場合
所定給付日数の支給残日数×給付率(60%)×基本手当日額
です。基本手当日額の上限は、
6,290円(60歳以上65歳未満は5,085円)

◆就業促進定着手当
再就職手当の支給を受けた人が、引き続きその再就職
先に6か月以上雇用され、かつ再就職先で6か月の間
に支払われた賃金の1日分の額が雇用保険の給付を受
ける離職前の賃金の1日分の額(賃金日額)に比べて低
下している場合に支給されます。
支給額は、
(離職前の賃金日額-再就職手当の支給を受けた再就
職の日から6か月間に支払われた賃金額の1日分の額)
×再就職の日から6か月間内における賃金の支払いの
基礎となった日数
です。ただし、次のとおり上限額があります。
上限額:基本手当日額 × 基本手当の支給残日数に相当する
日数(※1)×40%(再就職手当の給付率が70%のときは30%)
基本手当日額の上限は、再就職手当と同じです。※1 は
再就職手当の給付を受ける前の支給残日数です。

常用雇用以外で
就職したら

◆就業手当
就業手当は、基本手当の受給資格がある人が、再就職手
当の支給対象とならない常用雇用など以外の形態で就
業した場合に基本手当の支給残日数の3分の1以上、
かつ45日以上あり、一定の要件に該当する場合に支給
されます。
支給額は、就業日×30%×基本手当日額です。1日当た
りの支給額の上限は、1,887円(60歳以上65歳未満は
1,525円)

④ 公共職業訓練を受けよう

ハローワークで行う「職業相談」の中で、再就職をするために公共職
業訓練等を受講することが必要であると認められた場合は、安定所長が
その訓練の受講を指示することがあります。

この場合には、訓練期間中に所定給付日数が終了しても、訓練が終了
する日まで引き続き基本手当が支給されるほか、訓練受講に要する費用

として、「受講手当」、「通所手当」などが支給されます。

　なお、訓練の受講指示は、原則として所定給付日数内の支給残日数が一定以上ある時点で行われます。

　また、給付制限期間中でも訓練受講は可能です。この場合、給付制限が解除され基本手当が支給されることになります。

　受講手当は、1日500円が支給され、上限は20,000円です。通所手当は、通所するために交通機関、自動車等を利用する場合に支給され、最高で月額42,500円です。職業訓練を受講するために寄宿する必要がある場合には、月額10,700円の寄宿手当が支給されます。

　訓練期間が雇用保険の所定給付日数を超えたとしても、その超えた日の分も受給できます。これを「訓練延長給付」といいます。

☆ 公共職業訓練

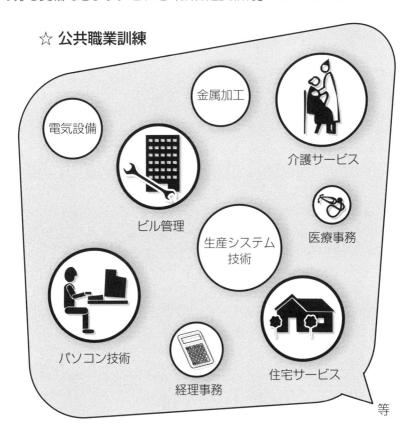

等

⑤ 雇用保険を受給できない人のための生活支援

　雇用保険を受給できない方が、ハローワークの指示により職業訓練を受講する場合、訓練期間中の生活保障として「職業訓練受講給付金」が支給されます。支給対象となる方は、以下のすべてに該当する方です。

・ハローワークに求職の申込みをしている
・ハローワークの指示により、求職者支援訓練または公共職業訓練を受講する人
・労働の意思と能力がある
・雇用保険被保険者ではない、また雇用保険の求職者給付を受給できない
①本人収入が月8万円以下
②世帯全体の収入が月30万円以下
③世帯全体の金融資産が300万円以下
④現在住んでいるところ以外に土地・建物を所有していない
⑤全ての訓練実施日に出席する（やむを得ない理由がある場合は、支給申請の対象となる訓練期間の8割以上出席している）
⑥同世帯の人で同時にこの給付金を支給して訓練を受けている人がいない
⑦過去3年以内に不正の行為により、特定の給付金の支給を受けたことがない
⑧過去6年以内に、職業訓練受講給付金の支給を受けていない
＊①又は②を満たさない場合であっても、本人収入が月12万円以下かつ世帯収入が月34万円以下で③～⑧を満たす場合は、訓練施設への交通費（通所手当）を受給することが可能です。

　訓練費用は無料で、訓練期間中は職業訓練受講手当として月額10万円と通所手当および月額10,700円の寄宿手当（訓練を受けるために同居の配偶者等と別居する場合）が支給されます。

　職業訓練受講給付金を受給しても、その給付金だけでは生活費が不足する場合には労働金庫の融資制度があります。融資限度は、同居配偶者等がいる人で月額 10 万円、その他の人で月額 5 万円です。

その2　再就職までの健康保険、年金

 ### ① 健保の任意継続と国保、どっちが得

　全国健康保険協会管掌健康保険や、**組合管掌健康保険**の被保険者期間が継続して2か月以上ある場合には、引き続き2年間**任意継続被保険者**になることができます。保険料は、全国健康保険協会管掌健康保険の場合、退職時の標準報酬月額（第1章第2節参照）の93.3/1000～105.1/1000（都道府県毎に異なります）です。40歳から64歳までの介護保険第2号被保険者に該当する方については、これに全国一律の介護保険料率18.2/1000が加わります。事業主負担がありませんので、全額自己負担となります。退職時に給与から天引きされていた健康保険料の2倍の保険料が必要になると思ってください。標準報酬月額の上限は、30万円と定められていますので、それ以上の人は30万円に都道府県毎の保険料率を乗じた金額です。組合管掌健康保険の場合、健康保険組合に問い合わせてみてください。

　任意継続被保険者になる手続きは、退職後20日以内にしなければなりません。住所地を管轄する全国健康保険協会各支部（または健康保険組合）で行ってください。

　任意継続被保険者にならない場合は、**国民健康保険**の被保険者になります。保険料は市区町村によって計算方法が違います。加入手続きは住所地の市区町村で行ってください。

　また、被扶養親族になれる場合があります。第2章第1節をご参照ください。

　では、任意継続被保険者になるのと、国民健康保険の被保険者になるのとどちらが有利なのでしょうか。比較をするのは、負担（保険料）と給付です。

　保険料については市区町村で国民健康保険料がいくらになるのかを確認して、任意継続の場合と比較してみてください。国民健康保険料は年度（毎年4月～3月）単位で決定されます。この年度単位の保険料を毎年6月から3月までの10回払い（7月から3月までの9回払いのところ

もあります）で支払うことになっています。したがって年度が変われば、国民健康保険料の方が安くなるケースもあります。これは、保険料の一部が前年（1月から12月まで）の所得金額によって決まっているからです。給付については、国民健康保険も任意継続も病院などで治療を受けた場合の本人負担は3割です。そのほかの給付も大差なく、この割合が同じであれば保険料で判断してもよいと思います。

●どっちが割安

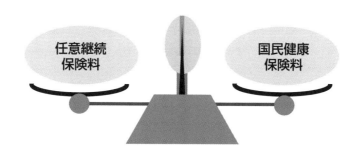

② 再就職まで国民年金加入

　年金については、健康保険のように任意継続の制度はありません。したがって、退職した場合、20歳から59歳までの人は再就職するまで国民年金に加入しなければなりません。また、配偶者が厚生年金の被保険者の場合、国民年金**第3号被保険者**になれる場合があります。第2章第1節をご参照ください。

その3　解雇理由に納得できないときは

　会社を解雇されたとき、解雇の理由が納得できないのであれば、都道府県労働局が行っている「**総合労働相談コーナー**」へ相談するのも1つの方法です。

　ここに相談を持ち込むと、まず、法律や裁判の判決例などの情報の提供が行われます。得られた情報で解決しない問題があれば、会社に対して指導や助言が行われます。

　それでも会社側と労働者側の主張が対立するときは、あっせんを行います。あっせんの内容を労働者または会社が受け入れない場合には、裁判等へ持ち込みます。

　総合労働相談コーナーは解雇の他、労働に関する会社と労働者のトラブル全般の相談をすることができます。

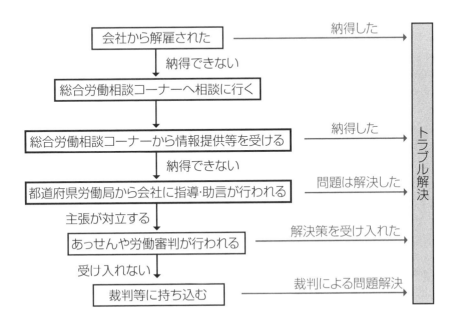

民法改正の主なポイント

　民法のなかの債権関係の規定（債権法）が2020年4月1日から大きく変わりました。債権法は、1896年に制定されてから120年間にわたり、ほとんど見直しが行われていませんでしたが、今回、制定から現在までの間に大きく変化した社会生活、経済活動に対応したルールの見直しや、取引実務で定着しているルールの明文化など、多くの改正が行われました。以下記載の他にも改正事項は多くありますので、詳しくは専門家への相談や法務省HPを参照してください。

①債権の消滅時効期間の統一化

　一定期間債権を行使しないと、債権が消滅してしまうことを「消滅時効」といいます。これまでの民法は、消滅時効により債権が消滅するまでの期間（消滅時効期間）は 原則10年であるとしつつ、例外的に、職業別のより短期の消滅時効期間（飲食代金や宿泊料は1年、商取引債権は5年、医師の診療報酬は3年など）を設けていました。今回の改正により、職業別の消滅時効を廃止し、原則として債権者が権利を行使することができることを知った時から5年間（ケースによっては最長10年間）行使しないときに債権が消滅することとされ、消滅時効期間が統一されました。

②個人保証に関する規定の整備

　主債務者が債務の支払をしない場合に、これに代わって支払をすべき義務のことを「保証」といいます。この保証には、特定保証（契約時に既に金額等が特定している債務の保証）と、根保証（将来発生する不特定の債務を保証）があります。つまり、根保証の場合は、保証人となる時点では現実にどれだけの債務が発生するのかがはっきりしておらず、どれだけの金額の債務を保証するのかが分からないケース（住宅等の賃貸借契約の保証人となる契約など）をいいます。今回の改正により、保証人が個人である根保証契約については、保証人が支払の責任を負う金額の上限となる「極度額」を書面等で合意しない限り無効となります。

　また、事業資金の融資に際して事業運営に関与していない個人から保証をとる場合には、公証人による保証の意思確認の手続きが求められており、この手続きが行われないまま締結した保証契約は無効となります。したがって、たとえ経営者の家族であっても、事業に関与していない個人を保証人にする場合には、あらかじめ保証の意思を示す公正証書が作成されていなければ、保証の効力は生じません。

　さらに、保証人のために、債務者の様々な情報が提供されるようになります。例えば、債務者は契約締結時に、保証人に対し財産状況等の情報提供義務が課されることとなります

③法定利率の見直し

　改正前は、法定利率が年5％と定められていましたが、低金利の状態が長く続いている現状との乖離が大きく、様々な不公平が生じているとの指摘がなされていました。今回の改正により年3％に引き下げられました。また、改正以降、経済情勢に合わせた法定利率の変更を可能にするため、3年ごとに法定利率を変更できる変動利率制が採用されました。

④約款（定型約款）に係る規定の新設

　ネット通販のほか、電気やガスの契約など不特定多数の顧客を相手方として取引を行う事業者などがあらかじめ詳細な契約条項を「約款」として定めておき、この約款に基づいて契約を締結することが少なくありません。しかし、民法には約款を用いた取引に関する基本的なルールが何も定められていない状態でしたので、今回の改正により定型約款に関する規定が新設されました。

　当事者の間で定型約款を契約の内容とする旨の合意をしたときや（ネット取引であれば「同意する」ボタンを押すなど）、定型約款を契約の内容とする旨をあらかじめ顧客に「表示」して取引を行ったときは、個別の条項について合意をしたものとみなされます。ただし、信義則に反して相手方の利益を一方的に侵害するものは、無効となります。

　さらに、定型約款を変更する際には、（イ）約款の変更が相手方の利益になるとき（ロ）変更内容が合理的であるときは、相手方と合意がなくても約款の内容を変更できることが明確化されました。

第 **6** 章

得する中高年の生き方
基礎知識

① 一般教育訓練給付で10万円の補助を受ける────

　自分のお金で通信教育や専門学校に通学するなどして能力開発を行うと、雇用保険から**「一般教育訓練給付」**が支給されることがあります。

　受給できる人は次の1 ～ 4の条件のすべてを満たす人です。

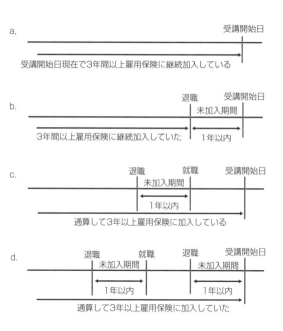

1. 雇用保険の加入実績が上のa ～ dのどれかにあてはまる人
   ＊初めて教育訓練給付を受ける場合は、雇用保険の加入条件が1年になります。
2. 厚生労働大臣指定の教育訓練を受講、修了した人
3. 過去に教育訓練給付の支給を受けて、その対象となった教育訓練の受講日から3年以上経っている人
4. 支給申請を教育訓練終了日の翌日から1か月以内に行った人

受給できる額は教育訓練経費の20%で最高給付額は10万円です。ただし、教育訓練経費の20%の額が4千円以下の時は給付を受けることができません。

　一般教育訓練給付の相談、申請窓口は公共職業安定所です。

② 特定一般教育訓練給付は20万円の補助

　一般教育訓練と対象者は同じ条件ですが次にあげる講座を受講すると、特定一般教育訓練給付となり、受給できる額は教育訓練経費の40%で最高20万円に引き上ります。

1. 業務独占資格*1、名称独占資格*2、必置資格*3に関する養成課程*4またはこれらの資格取得を訓練目標とする課程など　[介護支援専門員実務研修等、介護職員初任者研修、生活援助従事者研修、特定行為研修、喀痰吸引等研修を含む]
   *1 資格を持たずに業務を行うことが法令で禁止されている資格
   *2 資格がなくても業務を行うことはできるが、その名称の使用は法令で禁止されている資格
   *3 法令の規定により、業務のために使用される場所等に配置することが義務付けられている資格
   *4 養成課程とは、国や地方公共団体の指定などを受けて実施される課程で、次の1~3のうちのどれがが可能になる過程
       1 訓練修了で公的資格を取得
       2 公的資格試験の受験資格を取得
       3 公的資格試験の一部免除
2. 情報通信技術に関する資格のうちITSSレベル2以上の情報通信技術に関する資格取得を目標とする課程　[120時間未満のITSSレベル3を含む]
3. 短時間のキャリア形成促進プログラム*5および職業実践力育成プログラム*6　[60時間以上120時間未満の過程]
   *5 専門学校において、企業などとの密接な連携により最新の実務の知識などを身に付けられるよう教育課程を編成したものとして文部科学大臣が認定した課程

*6 大学などにおける社会人や企業などのニーズに応じた実践的・専門的なプログラムとして文部科学大臣が認定した課程

特定一般教育訓練給付の支給を受けるためには、受講開始の1カ月以上前に訓練対応キャリア・コンサルタントによる訓練前キャリア・コンサルティングで就業の目標、職業能力の開発・向上に関する事項を記載したジョブ・カードの交付を受けたあと、ハローワークなどで配布する「教育訓練給付金及び教育訓練支援給付金受給資格確認票」とジョブ・カードをハローワークへ提出します。また、訓練終了後1カ月以内に支給申請手続きが必要になります。

 ③ 専門実践教育訓練給付金は訓練経費の70%を支給

雇用保険に加入している在職中の人や雇用保険に加入していた人が厚生労働大臣の指定する**専門実践教育訓練**（訓練期間は1年以上3年以内）を受講し修了した場合、専門実践教育訓練給付金の支給を受けることができます。

給付金を受けるには受講開始日に雇用保険に加入していた期間（支給要件期間）が3年以上あることが必要です。ただし、当分の間、初めて教育訓練給付金を受けようとする人は、支給要件期間が2年以上に短縮されています。

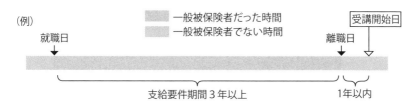

（例）次の場合の支給要件期間は2年と1年を通算して3年となります。

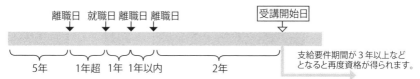

専門実践教育訓練給付金の支給額は、教育訓練経費の50%で、上限額は1年の訓練で40万円、2年の訓練では80万円、3年の訓練を受講すれば120万円です。

さらに、資格取得をして訓練を修了してから1年以内に雇用保険の被保険者として雇用された場合は、支給額が教育訓練経費の70%に引き上げられ、上限額も1年の訓練で56万円、2年の訓練で112万円、3年の訓練で168万円と引き上げられます。

④ 失業状態にある人は教育訓練支援給付金がもらえる ——

（3）の専門実践教育訓練給付金をもらう資格のある失業状態の人には、専門実践教育訓練給付金の他に**教育訓練支援給付金**が支給されます。これには、訓練開始日に45歳未満であること、受講する訓練が昼間制であること、受講開始日が2025年3月31日以前であることなどいくつかの条件があり、それらの全てに該当する必要があります。

教育訓練支援給付金の額は、雇用保険の基本手当の計算に用いられた賃金日額の80%で、教育訓練が終了するまでの間支給されます。ただし、雇用保険の基本手当が支給されている間は基本手当が支給され、教育訓練支援給付金は支給されません。

また、教育訓練支援給付金は、出席率が悪い場合、訓練を途中でやめてしまった場合、定められた訓練期間に修了できないと見込まれる場合などは支給されなくなります。

⑤ 独立開業すれば無担保無保証または無利子で 融資が受けられることもある

中高年になって残りの人生をサラリーマンから企業家へ転身を図るというのも1つの道です。

しかし、事業を始めるには資金が要ります。資本金や出資金だけでは心もとない時はどこかから借入れをしなければなりません。そもそも事業を始めるのに多額の借金をするのはどうなのでしょうか。サラリーマンと企業経営者の最大の違いは収入です。サラリーマンは高額商品を購

入する時にローンを組んだり、クレジットで支払ったりすることが多い
のではないでしょうか。この資金調達の方法は前提として毎月一定の収
入があり、それがこの先何年間かは続くと見込まれることです。

　これに対して経営者それも創業したての経営者には将来の収入の見込
はありません。来月の収入の見込すらないことが多いでしょう。そのよ
うな状態の時何年も返済期間がある借金をしても良いでしょうか。ほと
んどの人がその借金には反対するでしょう。借金はあくまで借金です。
いつかは返さなければなりません。創業時の設備投資や運転資金が必要
なことは百も承知です。しかし、必要以上の借入れは経営を脅かすだけ
でなく、生活をも狂わせてしまいます。できれば多額の借入れをしなく
てもすむような創業をしたいものです。

　さて、そうは言っても資金が必要です。国が創業の支援策として行っ
ている融資制度の代表的なものを表にまとめてみました(下表参照)。

●国などが行っている創業時の融資等の制度

名称	対象	融資限度額	返済期限 (うち据置期間)
新規開業資金	新たに事業を始める方 または事業開始後 おおむね7年以内の人	7,200万円 (うち運転資金 4,800万円)	設備資金：20年以内 　　　　　(2年以内) 運転資金：7年以内 　　　　　(2年以内)
女性、若者／ シニア起業家 支援資金	女性または35歳未満か 55歳以上の人であって、 新たに事業を始める人 または事業開始後 おおむね7年以内の人	7,200万円 (うち運転資金 4,800万円)	設備資金：20年以内 　　　　　(2年以内) 運転資金：7年以内 　　　　　(2年以内)
再挑戦支援資金	廃業歴等のある方など 一定の要件に該当する 人で、新たに事業を始め る方または事業開始後 おおむね7年以内の人	7,200万円 (うち運転資金 4,800万円)	設備資金：20年以内 　　　　　(2年以内) 運転資金：7年以内 　　　　　(2年以内)
新創業融資制度	新たに事業を始める人 または事業開始後 税務申告を2期終えて いない人	3,000万円 (うち運転資金 1,500万円)	各種融資制度に定める 返済期間以内

6 投資会社から投資を受ける

　お金にまつわる話で言えば、一定の条件を満たして創業をすると投資会社から投資を受けられる制度もあります。

●創業などの投資制度

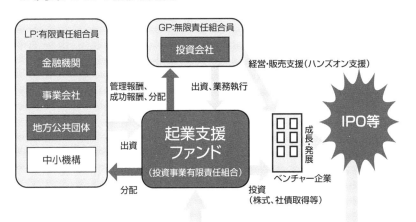

起業支援ファンド	
対象	設立5年未満
投資形態	会社設立の株式引受け、増資引受け、新株予約権引受け、新株予約権付社債の引受け
窓口	中小企業基盤整備機構

　「投資会社」の審査を通過すれば、会社設立時の株式の引受け、増資の際の株式の引受け、新株予約権の引受け、新株予約権付社債の引受けといった投資を受けることができます。

⑦ 創業時の悩み相談窓口

　創業時の悩みはお金に関係することだけではありません。創業というぐらいですから、それまで事業を経営していなかった人が事業を始めます。事業を始めるにはいろいろわからないことがあったり、それまでの職業経験や書物等の知識だけでは解決できない問題が起こったりするものです。

　そういったことの相談に乗ってくれる所も用意されています。各都道府県の**中小企業支援センター**や市町村の**商工会議所**、**商工会**、インターネット上で展開されている**ドリームゲート**、**J-NET21**等です。
　これらのところでは、資金に関することだけでなく、法律、人材、経営方法、マーケティング等経営に関係するほとんどのことの相談を受付けています。もちろん、そこの職員がすべてのことを知っているわけではありませんが、そこを通してそれぞれの分野の専門家を無料または非常に安価に派遣して問題の解決をしていく制度もあります。

　創業について体系的に勉強しようと思うなら、全国の商工会議所、商工会で実施される**創業塾**を受講されるのもよいでしょう。セミナー形式で創業に関することを体系的に勉強できます。

●創業の支援団体

名称	ホームページアドレス
都道府県中小企業支援センター	https://www.chusho.meti.go.jp
商工会議所	https://www.jcci.or.jp
商工会	https://www.shokokai.or.jp
中小企業基盤整備機構	https://www.smrj.go.jp
ドリームゲート	https://www.dreamgate.gr.jp
J-NET21	https://j-net21.smrj.go.jp

8 **家賃補助を受けてオフィスを借りる**

　中小企業基盤整備機構では、全国各地で、オフィス、試作室、研究室、無料会議室等を備えた施設を貸出しています。また、この施設は、家賃の補助を受けることもでき、一般のオフィスビルに比べて安価で整った環境を手に入れることができます。

 9 **田舎暮しへ**

　目まぐるしく変わるビジネス社会を卒業して自分らしさを見つけるために田舎暮しを始めるのも人生をエンジョイする方法かもしれません。
　一口に田舎暮しといっても完全に都会から離れる定住型から田舎暮し体験をする体験型までいろいろな形態があり、都会からの転居者を受け入れるための施策を行っている地域とそうでない地域があり、施策も地域の事情によって異なっているのが実情です。そういった情報を提供しているのが次の表のところです。

●田舎暮しの情報提供サイト

名称	ホームページアドレス	運営団体
しましまネット	https://www.nijinet.or.jp	公益財団法人日本離島センター
ニッポン移住・交流ナビ	https://www.iju-join.jp	一般社団法人 移住・交流推進機構
酪農ヘルパー全国協会	http://d-helper.lin.g r .jp/	一般社団法人 酪農ヘルパー全国協会
LO活 Local＋就活	https://local-syukatsu.mhlw.go.jp	「地方人材還流促進事業」事務局

住宅にまつわる税金

 ① 住宅購入はいちばん高い買い物

　一般的に、世の中の買い物のなかでいちばん高いものは住宅、2番目に高いものは、保険と言われています。

　一生に何度もできない住宅の購入に関しては、十分検討する価値があります。

　まず、何といってもお金が必要です。将来を夢みて自己資金を貯蓄されておられる人も大勢いらっしゃいますが、住宅の購入は、値段が張りますので、自己資金だけでは無理な場合が多いものです。そのとき、親からの援助を受けようと思われる人もまた多いのではないでしょうか。ここで、注意しなければならないことは、贈与に該当してしまうことです。第6章第4節の制度などを活用し、無理のない設計を心がけることが重要です。

 ② 既存住宅に係る改修の特別控除

　バリアフリー改修、省エネ改修、耐震改修のリフォームを<u>自己資金で行った場合</u>、一定の要件（控除を受ける年分の合計所得金額が、3,000万円以下であることなど）を満たせば所得税の控除を受けることができます。この優遇措置は併用することも可能であり、たとえば、バリアフリー改修工事と省エネ改修工事を行った家屋を2014年4月1日以後同一年中に居住の用に供する場合は、税額控除限度額は最大55万円とされます。

　また、2022年度税制改正により、「上乗せ措置」が講じられました。自己の所有する住宅の対象工事（特別控除の対象となる工事）と併せて一定の増改築等の工事を行った場合、「対象工事費用を超える分とその

他のリフォーム工事」に係る「元となった工事に係る標準的な費用相当額と同額まで（元の工事と併せて最大1,000万円が上限）」の部分について、さらに5%の特別控除を加えるというものです（2023年12月31日までに工事を完了し、居住する場合）。

＜投資型＞（自己資金）

工事内容	居住年／工事完了年	改修工事限度額	控除率	税額控除限度額	税額控除期間
バリアフリー改修工事	2014年4月～2023年12月31日	200万円	10%	20万円	1年
省エネ改修工事	2014年4月～2023年12月31日	250万円	10%	25万円	1年
省エネ（太陽光発電設備設置）工事	2014年4月～2023年12月31日	350万円	10%	35万円	1年
耐震改修工事	2014年4月～2023年12月31日	250万円	10%	25万円	1年

※税額控除の適用は、その他要件を満たした場合に限ります

③　住宅ローン減税制度

　住宅借入金等特別控除（住宅ローン控除・減税）とは、金融機関等から返済期間10年以上の住宅ローンを受けて、新築・中古住宅の取得または一定の増改築をした場合に、各年度末の住宅ローン残高の一定割合を所得税額から控除する制度です。

　当該制度は、良質な住宅の取得促進、環境性能等の優れた住宅の普及拡大を促進すること、住宅ローンの低金利化への対応等を目的として、2022年度税制改正において見直しがなされております。

　改正のポイントとしては、①適用期限が4年延長、②控除期間が新築は原則13年、中古住宅10年、③控除率が借入残高の1%から0.7%に縮減、④所得要件（合計所得金額）は3,000万円から2,000万円以下に引下げ、⑤既存住宅の築年数要件の廃止（耐火住宅25年以内、非耐火住宅20年以内という要件が廃止され「1982年(昭和57年)以降に建築された住宅」（新耐震基準適合住宅））に緩和された点などがあげられます。なお、2024年以降に建築確認を受ける新築住宅などで、一定の省エネ基準適合を満たさない場合は、住宅ローン控除の対象外となります。

買取再販住宅（業者が既存住宅を買い取り、リフォームして販売された物件）で住宅ローン控除を受ける際は、リフォーム費用や工事内容に細かい条件がありますので、購入を検討する際は、事前に販売業者に確認をしてください。

　なお、改正前と改正後の比較については、次の表を参照してください。

＜改正前＞

		控除対象借入限度額	控除期間	控除率	年間控除限度額	所得要件	床面積要件
新築住宅 買取再販住宅	認定住宅（認定長期優良住宅・認定低炭素住宅）	5,000万円※1	13年※1	1.0%	50万円	合計所得金額が3,000万円以下	50㎡以上※2（合計所得金額が1,000万円以下の場合40㎡以上）
	一般住宅	4,000万円※1	13年※1		40万円		
既存（中古）住宅	一般住宅	2,000万円	10年		20万円		

＜2022年度税制改正後＞

		控除対象借入限度額		控除期間		控除率	年間控除限度額		所得要件	床面積要件
		入居時期		入居時期			入居時期			
		2022年、2023年	2024年、2025年	2022年、2023年	2024年、2025年		2022年、2023年	2024年、2025年		
新築住宅 買取再販住宅	認定住宅（認定長期優良住宅・認定低炭素住宅）	5,000万円	4,500万円	13年	13年	0.7%	35万円	31.5万円	合計所得金額が2,000万円以下	50㎡以上※2（合計所得金額が1,000万円以下の場合40㎡以上）※3
	ZEH水準省エネ住宅	4,500万円	3,500万円				31.5万円	24.5万円		
	省エネ基準適合住宅	4,000万円	3,000万円				28万円	21万円		
	その他の住宅	3,000万円	2,000万円※3		10年※3		21万円	14万円		
既存（中古）住宅	認定住宅（認定長期優良住宅・認定低炭素住宅）・ZEH水準省エネ住宅・省エネ基準適合住宅	3,000万円		10年		0.7%	21万円		合計所得金額が2,000万円以下	50㎡以上※2（合計所得金額が1,000万円以下の場合40㎡以上）※3
	その他の住宅	2,000万円					14万円			

注）・「その他の住宅」とは、省エネ基準を満たさない住宅のことです
　　・「買取再販住宅」とは、既存住宅を業者が一定のリフォーム等により良質化した上で販売する住宅のことです。
　　・所得税額から控除しきれない額については、所得税の課税総所得金額等の5%（最高97,500円）の範囲内で個人住民税から控除されます。

※1　消費税率10%への引上げに伴う措置
※2　1/2以上が自己の居住用であること
※3　2023年末までに新築の建築確認を受けた住宅に限ります

【手続き】

　住宅借入金等特別控除を受けるためには、確定申告書に、特別控除に関して所定の事項の記載をし、住民票の写し、家屋の登記簿謄（抄）本（登記事項証明書）や請負契約書、売買契約書などで、家屋の取得年月日・床面積・取得価額などを明らかにする書類、またはその写しや住宅取得資金に係る借入金の年末残高等証明書などの書類をつけて所轄の税

務署に提出する必要があります。

　また、住宅とともに取得するその住宅の敷地の用に供される土地など
の取得のための借入金なども含めてこの特別控除を受けるためには、上
記の書類のほか、その住宅の敷地の用に供される土地などの取得に関す
る一定の書類の提出が必要になります。

　購入初年度は、確定申告をしなければなりませんが、2年目から給与
所得者は、年末調整だけで控除が受けられます。

④ 夫婦ペアローン等で控除額を最大に

　現在は働き方が多様化され女性の社会進出も進み、夫婦共働きの世帯
も増えてきています。そのため、住宅や土地を購入する際に、夫婦それ
ぞれで住宅ローンを組み（「ペアローン」）、共有名義で登記するケース
もあるかと思います。この場合は、印紙税や融資手数料、保証料などの
費用は2倍かかりますが、夫婦それぞれで住宅ローン控除を適用するこ
とができますので、節税効果を高めることができます。

　その他に、住宅ローンの種類は、「連帯債務型」と「連帯保証型」が
あります。「連帯債務型」は、住宅ローン契約者と連名で1本の住宅ロー
ンを契約します。例えば、夫が住宅ローンの契約者とすると、妻は連
帯債務者として一緒に返済を行っていく形となります。つまり、夫婦そ
れぞれが1つの住宅ローンの債務を同等に負うことになります。この場
合、ペアローンと比べて印紙税などの費用は1名分で済み、それぞれ住
宅ローン控除を適用することができるので、節税効果が高められます。
なお、「連帯保証型」の場合には、住宅ローン契約者が毎月の返済をす
るため、基本的に債務を負うのは契約者となります。そのため、住宅ロ
ーン契約者のみが住宅ローン控除の適用となります。夫婦で住宅ローン
を組む際は、大きく3つの方法があるため、それぞれメリット・デメリ
ットを確認しながら検討してください。

　なお、「連帯債務型」の住宅ローンの利用において、本来は契約者の
返済するべき住宅ローンを、連帯債務者が肩代わりをして返済をした場
合、贈与税が発生する可能性があります。くれぐれも贈与税には注意を
してください。

⑤ 住宅取得時・保有時にかかる主な税金

　住宅等を取得したとき、住宅等を取得した後には様々な税金がかかります。以下の表に、主な税金をまとめました。

	税の種類	課税時期・課税対象	税額・税率
住宅等取得時	印紙税	建設工事の請負及び不動産の売買に関する契約書を作成したとき	契約金額に応じて200円〜60万円 ※軽減措置あり
	消費税	家屋を取得したとき	家屋の対価の額×10%（地方消費税含む）
	贈与税	贈与により土地や家屋を取得したとき	原則：（贈与額−110万円）×税率（10%〜50%）
	不動産取得税	土地や家屋を取得したとき	下記参照
	登録免許税	土地や家屋を取得し、所有権移転登記等をしたとき	例）所有権移転登記：課税標準額※1 ×0.2%
毎年	固定資産税	毎年1月1日現在の土地・家屋の所有者	課税標準額※1 × 1.4%（標準税率）※2、3
	都市計画税	同上（市街化区域内の土地・家屋に限る）	課税標準額※1 ×0.3%（制限税率）※2、3

※1　固定資産評価基準に基づいて評価された金額です（固定資産台帳に登録され、この評価額は3年に一度評価替えが行われます）。
※2　税率は市区町村によって異なる場合があります。
※3　高さ60mを超えるタワーマンション（居住用超高層建築物）について
　　　今まで、タワーマンション等は、階層に関係なく一律の固定資産税（マンション1棟の税額を、各区分所有者の専有面積で按分）が課されていました。
　　　しかし、2017年の税制改正により、2018年1月1日以降に新築された高さ60mを超えるマンション（居住用超高層建築物）に該当する場合は、1階を100として、階が1階増すごとに10/39（約0.25）を加えた補正率で按分計算されます（なお、軽減措置として、2017年4月以前に売買契約が締結されたものは今回の改正の対象とははなりません）。よって、階層があがるごとに、税額が増えることになります。

●不動産取得税について

　住宅取得の税金で疑問が最も多いのが、新規でマイホームを取得した場合の不動産取得税についてです。

　不動産取得税は基本となる税率が4%ですので、初めてマイホームを取得される方が、「自分は3,000万円の住宅を建てるのだから、その4%として120万円もかかるのか」とご心配されるのも無理はありません。

　しかし、不動産取得税には住宅に関していろいろな特典が用意されており、それほどの税金がかかるわけではありません。

〈**2024年3月31日**までに宅地等を取得した場合〉

固定資産評価額×税率*	＊土地・家屋（住宅）→3% 　家屋（非住宅）　　→4%

※宅地等（宅地および宅地評価された土地）については、評価額が1/2となります。（2024年3月31日）

●新築住宅・増改築等の場合の軽減（一定の要件を満たした場合）

建物　不動産取得税＝（固定資産税評価額－1,200万円）×3%

土地　不動産取得税＝（固定資産税評価額×1/2×3%）－控除額
（下記①か②の多い額）

① 45,000円
② （土地1㎡当たりの固定資産税評価額×1/2）×
　（課税床面積×2（200㎡限度））×3%

●登録免許税の軽減税率

　登録免許税は、所有権移転登記2.0%、所有権保存登記と抵当権設定登記は0.4%の税率で計算されます。しかし、要件等を満たせば、以下の軽減税率が適用となります。なお、その他にも特定認定長期優良住宅や認定低炭素住宅についても軽減税率が適用されます。

登記の種類	内容	軽減税率	適用期限
所有権の移転登記	住宅用家屋を取得し、自己の居住の用に供した場合	0.3%	2024年3月31日まで
所有権の保存登記	新築等の住宅用家屋の取得をし、自己の居住の用に供した場合	0.15%	2024年3月31日まで
抵当権設定登記	住宅ローン等に係る抵当権の設定登記をした場合	0.1%	2024年3月31日まで

　マイホームを売却した場合の譲渡所得計算のポイントは、①原則、他の所得と区分して計算（分離課税）すること、②売った年の1月1日現在の所有期間が5年超か以下なのかで適用税率が異なること、③特例適用の有無、が挙げられます。

① 譲渡所得金額の計算（所有期間5年がポイント）──

譲渡金額 －（取得費＋譲渡費用）－ 特別控除（3,000万円まで）＝ 課税譲渡所得金額

【長期譲渡所得】
　譲渡した年の1月1日現在の所有期間が**5年を超える**場合は「長期譲渡所得」に該当します。

**　　　　課税譲渡所得金額 ×15％（＋住民税5％）＝ 税額**

【短期譲渡所得】
　譲渡した年の1月1日現在の所有期間が**5年以下**の場合は「短期譲渡所得」に該当します。

**　　　　課税譲渡所得金額 ×30％（＋住民税9％）＝ 税額**

（注）
①譲渡金額とは、土地や建物の売却代金などをいいます。
②取得費とは、売った土地や建物を買い入れたときの購入代金や、購入手数料などの資産の取得に要した金額に、その後支出した改良費、設備費などの額を加えた合計額をいいます。
　なお、建物の取得費は、所有期間中の減価償却費相当額を差し引いて計算します。また、土地や建物の取得費が分からなかったり、実際の取得費が譲渡価額の5％よりも少ないときは、譲渡価額の5％を取得費（概算取得費）とすることができます。
③譲渡費用とは、土地や建物を売るために支出した費用をいい、仲介手数料、登記費用、測量費、売買契約書の印紙代、売却するときに借家人などに支払った立退料、建物を取り壊して土地を売るときの取壊し費用などです。

② 譲渡損がある場合の特例

（1）住宅ローンが残っているマイホームを売却した場合の特例

　2023年12月31日までに、住宅ローンのあるマイホームを住宅ローンの残高を下回る価格で売却して損失が生じたときは、以下の要件を満たすものに限り、他の所得から損失額を控除（損益通算）することができます。さらに損益通算を行っても控除しきれなかった譲渡損失は、譲渡の年の翌年以後3年内に繰り越して控除（繰越控除）することができます。この特例は、新たなマイホームを取得しない場合であっても適用可能となっています。

※なお、当該特例は延長の可能性がありますので、改正情報にお気を付けください

＜適用要件＞

①自分が住んでいるマイホームを譲渡すること。なお、以前に住んでいたマイホームの場合には、住まなくなった日から3年目の12月31日までに譲渡すること。また、この譲渡には譲渡所得の起因となる不動産等の貸付が含まれ、親族等への譲渡は除かれます。

②譲渡の年の1月1日における所有期間が5年を超えるマイホームで日本国内にあるものの譲渡であること。

③譲渡したマイホームの売買契約日の前日において、そのマイホームに係る償還期間10年以上の住宅ローンの残高があること。

④マイホームの譲渡価格が上記3のローンの残高を下回っていること。

※上記適用要件を満たすものであっても、マイホームを売却した年の前年及び前々年に長期譲渡所得の軽減税率の特例を適用している場合などの一定の場合は、適用除外となる可能性がありますので注意が必要です。

（2）マイホームを買換えた場合の特例

　マイホーム（旧居宅）を2023年12月31日までに売却して、新たにマイホーム（新居宅）を購入した場合に、旧居宅の譲渡による損失（譲渡損失）が生じたときは、一定の要件を満たすものに限り、その譲渡損失をその年の他の所得から控除（損益通算）することができます。さらに、損益通算を行っても控除しきれなかった譲渡損失は、譲渡の年の翌年以後3年内に繰り越して控除（繰越控除）することができます。

※なお、当該特例は延長の可能性がありますので、改正情報にお気を付けください

③ 譲渡益がある場合の特例

（1）3,000万円の特別控除

　マイホーム（居住用財産）を売ったときは、所有期間の長短に関係なく譲渡所得から最高3,000万円まで控除ができる特例があります。

　これを、居住用財産を譲渡した場合の3,000万円の特別控除の特例といいます。なお、所有期間が10年超の場合には、次頁（2）の軽減税率の譲渡所得に該当し、また、所有期間が5年超の場合には長期譲渡所得、5年以下の場合には短期譲渡所得の計算となります。

　居住用財産（マイホーム）を売却して譲渡益が出た場合には、3,000万円の特別控除か特定の居住用財産の買換特例のいずれかを選択することができます。

＜特例を受けるための適用要件＞

①自分が住んでいる家屋を売るか、家屋とともにその敷地や借地権を売ること。なお、以前に住んでいた家屋や敷地等の場合には、住まなくなった日から3年目の年の12月31日までに売ること。

②売った年の前年及び前々年にこの特例又はマイホームの買換えやマイホームの交換の特例、若しくはマイホームの譲渡損失についての損益通算及び繰越控除の特例の適用を受けていないこと。

③売った家屋や敷地について、収用等の場合の特別控除など他の特例の適用を受けていないこと。

④災害によって滅失した家屋の場合は、その敷地を住まなくなった日から3年目の年の12月31日までに売ること。

⑤住んでいた家屋又は住まなくなった家屋を取り壊した場合は、次の2つの要件すべてに当てはまること。

　イ　その敷地の譲渡契約が、家屋を取り壊した日から1年以内に締結され、かつ、住まなくなった日から3年目の年の12月31日までに売ること。

　ロ　家屋を取り壊してから譲渡契約を締結した日まで、その敷地を貸駐車場などその他の用に供していないこと。

⑥売手と買手の関係が、親子や夫婦など特別な間柄でないこと。

特別な間柄には、このほか生計を一にする親族、内縁関係にある人、特殊な関係のある法人なども含まれます。

＜適用除外＞
　このマイホームを売ったときの特例は、次のような家屋には適用されません。
①この特例を受けることだけを目的として入居したと認められる家屋
②居住用家屋を新築する期間中だけ仮住まいとして使った家屋、その他一時的な目的で入居したと認められる家屋
③別荘などのように主として趣味、娯楽又は保養のために所有する家屋

＜適用を受けるための手続＞
　この特例を受けるためには、確定申告をすることが必要です。また、確定申告書に次の書類を添えて提出してください。
①譲渡所得の内訳書（確定申告書付表兼計算明細書）[土地・建物用]
②マイホームを売った日から2か月を経過した後に交付を受けた除票住民票の写し又は住民票の写し
　この除票住民票の写し又は住民票の写しは、売ったマイホームの所在地を管轄する市区町村から交付を受けてください。

（2）軽減税率の特例
　自分が住んでいたマイホーム（居住用財産）を売って、一定の要件に当てはまるときは、長期譲渡所得の税額を通常の場合よりも低い税率で計算する軽減税率の特例を受けることができます。

●マイホームを売ったときの軽減税率の表

課税長期譲渡所得金額(＝A)	税　額
6,000万円以下	A×10%
6,000万円超	(A-6,000万円)×15%+600万円

（注）
1　課税長期譲渡所得金額とは、次の算式で求めた金額です。
　（土地建物を売った収入金額）−（取得費＋譲渡費用）−特別控除 ＝ 課税長期譲渡所得金額
2　平成2013年から平成2037年までは、復興特別所得税として各年分の基準所得税額の2.1%を所得税と併せて申告・納付することになります。

＜特例を受けるための適用要件＞

　この軽減税率の特例を受けるには、次の5つの要件すべてに当てはまることが必要です。

①日本国内にある自分が住んでいる家屋を売るか、家屋とともにその敷地を売ること。

　なお、以前に住んでいた家屋や敷地の場合には、住まなくなった日から3年目の年の12月31日までに売ることです。

②売った年の1月1日において売った家屋や敷地の**所有期間がともに10年を超えていること。**

③売った年の前年及び前々年にこの特例を受けていないこと。

④売った家屋や敷地についてマイホームの買換えや交換の特例など他の特例を受けていないこと。ただし、マイホームを売ったときの3,000万円の特別控除の特例と軽減税率の特例は、重ねて受けることができます。

⑤売り手と買い手の関係が、親子や夫婦など特別な間柄でないこと。特別な間柄には、このほか、生計を一にする親族、内縁関係にある人、特殊な関係のある法人なども含まれます。

（3）特定居住用財産の買換特例

　特定のマイホーム（居住用財産）を、2023年12月31日までに売って、代わりのマイホームに買い換えたときは、一定の要件のもと、譲渡益に対する課税を将来に繰り延べることができます（譲渡益が非課税となるわけではありません）。これを、特定の居住用財産の買換えの特例といいます。例えば、2,000万円で購入したマイホームを5,000万円で売却し、6,000万円のマイホームに買い換えた場合には、通常の場合、3,000万円の譲渡益が課税対象となりますが、特例の適用を受けた場合、売却した年分で譲渡益への課税は行われず、買い換えたマイホームを将来譲渡したときまで譲渡益に対する課税が繰り延べられます。

　なお、旧マイホームの売却額より少ない金額で新マイホームを買い換えたときは、その差額を収入金額として譲渡所得の金額の計算を行うこととなりますのでご注意ください。

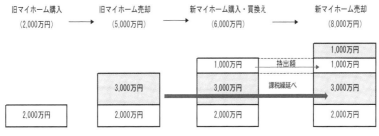

＜特例を受けるための適用要件＞

・自分が住んでいる家屋を売るか、家屋とともにその敷地や借地権を売ること。なお、以前に住んでいた家屋や敷地等の場合には、住まなくなった日から3年を経過する日の属する年の12月31日までに売ること。

・売った年、その前年および前々年にマイホームを譲渡した場合の3,000万円の特別控除の特例などの特例の適用を受けていないこと。

・売ったマイホームと買い換えたマイホームは、日本国内にあるものであること。

・売却代金が1億円以下であること

・売った人の居住期間が10年以上で、かつ、売った年の1月1日において売った家屋やその敷地の所有期間が共に10年を超えるものであること。

・買い換える建物の床面積が50平方メートル以上のものであり、買い換える土地の面積が500平方メートル以下のものであること。

　・買い換えるマイホームが、令和6年1月1日以後に入居した（または入居見込みの）建築後使用されたことのない住宅で、次のいずれにも該当しないものである場合には、一定の省エネ基準（断熱等性能等級4以上および一次エネルギー消費量等級4以上）を満たすものであること。

・買い換えるマイホームが、耐火建築物の中古住宅である場合には、取得の日以前25年以内に建築されたものであること、または一定の耐震基準を満たすものであること。

・買い換えるマイホームが、耐火建築物以外の中古住宅である場合に

は、取得の日以前25年以内に建築されたものであること、または、取得期限までに一定の耐震基準を満たすものであること。
・親子や夫婦など特別の関係がある人に対して売ったものでないこと。

＜適用を受けるための手続＞

　この特例を受けるためには、次の書類を添えて確定申告をすることが必要です。
①譲渡所得の内訳書（確定申告書付表兼計算明細書）[土地・建物用]
②売った資産の登記事項証明書
③買い換えた資産の登記事項証明書、耐震基準適合証明書など
④売った資産の所在地を管轄する市区町村長から交付を受けた住民票の写し（売った日から2か月を経過した日以後に交付を受けたもの）又は戸籍の附票の写し等で、売った資産における居住期間が10年以上であることを明らかにするもの
⑤買い換えた資産の所在地を管轄する市区町村長から交付を受けた住民票の写し

④ 空き家を売却した際の特例

　地方部を中心に全国的に空き地・空き家が、年々増加傾向にあります。この状況を改善するために、税制上でも以下のような特例措置を講じています。

（1）相続で取得した空き家の場合（最大3,000万円の控除）

　相続により取得した空き家を、2016年4月1日から2027年12月31日までの間に売却をし、一定の要件を満たした場合、譲渡所得の金額から3,000万円（特別控除）を控除することができます。この特例は、1981年5月31日以前に建築された家屋（旧耐震基準で建てられている家屋）等であり、相続の開始があった日から3年を経過する日の属する年の12月31日までに売却することや、売却代金が1億円以下であること等の要件があります。
　この特例は、2023年度税制改正により、適用期限が2027年迄延長され、一部制度の改正が行われましたが、「売買契約日」と「引渡日」

にズレが生じ、2026年1月1日をまたぐようなケースの場合には、注意が必要となります

（2）低未利用地等の場合（最大 100 万円の控除）

　低未利用地の適切な利用・管理を促進するため、一定の低未利用地の譲渡をした場合に、長期譲渡所得から 100 万円を控除する特例が創設されました。2020 年 7 月 1 日から 2025 年 12 月 31 日までの間に、低未利用土地等を 500 万円以下（一定の場合には 800 万円以下）で譲渡した場合について適用されます。なお、<u>事前に物件所在地の市区町村へ確認書の交付申請を行うことが必要です</u>。

※低未利用地とは、適正な利用が図られるべき土地にあるにもかかわらず、長期間に渡り利用されていない「未利用地」と、周辺地域の利用状況に比べて利用の程度が低い「低利用地」の総称となります。

⑤ 国外中古不動産を利用した節税スキームに規制

　国外中古不動産の貸付けにより多額の減価償却費を計上し、不動産所得の赤字を発生させ、これを給与所得等と損益通算し、所得税額を減少させるというスキームがありました。しかし、このスキームは 2021 年以後規制されました。

　つまり、2021 年分より、国外中古不動産から生じた不動産所得が損失（マイナス）の場合、国外不動産所得の損失の金額のうち、「簡便法」により算定した減価償却費に相当する金額は、生じなかったものとみなされます。

　なお、所有している<u>国外中古不動産を譲渡した場合</u>には、生じなかったものとみなした減価償却費については、取得費から控除しないこととなります（通常、取得費から所有期間中の減価償却費を控除して計算します）。つまり、生じなかったとみなされた損失分だけ、譲渡所得は小さくなります。

① 現預金の評価は100%

　いままでみてきましたカテゴリー別の雇用形態で、特に区別すること
なく中高年と言われるようになったら（中高年といってもかなり個人差
はありますね）、多少、**相続**に関する知識をつけておいた方が懸命です。
　そもそも相続とは、主人公である被相続人（お亡くなりになった方）
の正味財産を相続人（**法定相続人**）が遺産を分割することです。被相続
人が先祖代々守ってきたものや、その人が生前蓄財をしたものが対象と
なります。相続人の方々が異論なしに、すんなり遺産の分割ができれば
よいわけですが、なかなかすんなりとはいきません。ときには、相続が
『争続』に発展するケースも多いものです。そのようにならないために
も、基本的な相続に関する知識を習得し、できれば合法的に節税も行い
たいものです。下記には、知っておいたら得をする事例の紹介をしてみ
ます。

① 生命保険の活用

　相続財産が現預金の場合には、評価は100％でありますが、現預金
で金融機関に預けているよりも、生命保険を活用することによりメリッ
トが出てきます。死亡により受け取った生命保険金には、法定相続人の
人数×500万円の非課税枠が設けられています（ご興味があれば、変
額年金という商品も対策になる場合がありますので、専門家に確認して
みてください）。

② 祭祀財産

　現預金で持っていると100％課税されるわけですが、ほかの物に変
えておけば非課税になるものがまだあります。代表的なものに、墓地、
墓石、仏壇、仏具、仏像などがあります。これらのものを生前に買って
おき、祭祀財産としていれば、この部分は、非課税となります。お墓や
仏壇などがない人は、生前に用意をしておいた方が節税になります（相

続は、相続時点での判断になりますので、これらの財産は非課税扱いになります。また、これを購入するために借金をしていた場合には、債務としてほかの財産から控除できませんのでご注意を）。

 ## ② 免税点を理解しておこう

まずは、対策の前に相続・贈与税に関する基本知識を簡単にみてみましょう。

① 基礎控除額

そもそも、いくら財産があっても債務があれば、その分は相続税の計算上控除してもらえますが、更に、その計算の結果、基礎控除額以下であれば相続税は課税されません（課税免税点のようなものであり、この額を超えるまでは相続税がかからない金額を指します）。

② 基礎控除額の計算

3,000万円＋600万円×法定相続人の数

③ 法定相続人とは

一般的には、その人の配偶者と子供です。子供のうち、すでに死亡している方がいる場合、その直系の子供である孫が代わりになります。この場合の孫を**代襲相続人**と言います。

なお、孫養子の相続には、通常の相続税の2割増しになりましたし、駆け込みの孫養子に関しては、租税回避と取られる場合がありますのでご注意ください。

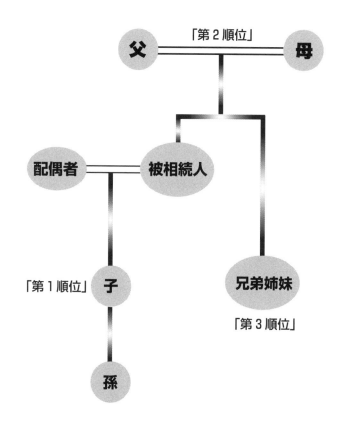

●相続人と相続分の関係表

相続人	相続分	
①第1順位 配偶者及び子	配偶者 1/2	子 1/2
②第2順位 配偶者及び直系尊属	配偶者 2/3	直系尊属 1/3
③第3順位 配偶者及び兄弟姉妹	配偶者 3/4	兄弟姉妹 1/4

どのケース（順位）になるかによって相続分が異なる（基本型）

③ 養子1人あたり600万円控除はウソ

　最近の少子高齢化社会の特徴のひとつかも知れませんが、養子をとる人も増えてきているようです。そこで、相続対策ではなく単純に、上記の**法定相続人**になる人の問題も起こります。この話をしますと、次のようなことを勘違いされる人が多いようです。民法では、養子に制限はありませんが、相続税法では、養子をたくさんとれば法定相続人が増え、ひいては、相続時に控除が多くとれると考えてしまう人がいます。この問題（養子の取り扱い）については、下記のような取り扱いになっています。

　　（法定相続人に含められる養子の人数）
　　　　●実子がいる場合は1人
　　　　●実子がいない場合は2人

　相続税法の規定では、いくら養子を行っても、実子がいる場合は600万円しかカウントされません。

　そもそも、相続税というのは、財産があるが故にかかる税金ですので、いちばんの相続対策は、生前にお金を使ってしまうという考えからスタートするのかも知れませんが、これは、人それぞれの価値観の違いがあり、なるほどと思っても、いざ実行できるものかは分かりません。そこで、相続対策を意識していただきたいのが中高年の方々です。

④ 贈与の非課税措置

（1）一般の贈与の非課税枠

　相続対策でイのいちばんに考えられるのが贈与です。若いときからコツコツとお子さんに贈与していきますと、自然に財産は減っていきます。贈与は、次の頁にもありますように**贈与税**がかかります。ただし、贈与税にも基礎控除があり、1人当たり年間110万円が控除されますので、この近辺の金額をコツコツと証拠を残しながら行うのが最もポピュラーなものです。

●一般の贈与の算式

| その年中に贈与により取得した財産 − 基礎控除 110万円 | × 税率 |

●税率

基礎控除後の 課税価格	一般税率 （一般贈与財産）（※）	特例税率 （特例贈与財産）（※）
〜　　　200万円以下	10%	10%
200万円超 〜　　300万円以下	15%	15%
300万円超 〜　　400万円以下	20%	
400万円超 〜　　600万円以下	30%	20%
600万円超 〜 1,000万円以下	40%	30%
1,000万円超 〜 1,500万円以下	45%	40%
1,500万円超 〜 3,000万円以下	50%	45%
3,000万円超 〜 4,500万円以下	55%	50%
4,500万円超 〜		55%

※一般税率…「特例贈与財産用」に該当しない場合の贈与税の計算に使用
　特例税率…直系尊属（祖父母や父母など）から、一定の年齢の者（子・孫など）への贈与税の計算に使用

　ひとつ気をつけておいていただきたいのが、名義預金なるものです。最近は、郵便局や金融機関で本人確認制度が充実していますが、子供のことを思い、勝手に子供名義の預貯金があると、後でトラブルが発生する可能性が高いです。そのようなトラブルが起きないためにも証拠が必要なのです。

　どのようなものが証拠になるのでしょうか。

(i) 贈与契約書

　これは、お互いにあげました、もらいましたという内容の契約になっていることにより意思確認ができます。金銭の贈与が最もポピュラーですが、生命保険や有価証券を贈与する場合も同様です。

(ii) 贈与税の申告

　仮に110万円を贈与し、基礎控除が110万円だから、差し引きゼロになるから申告をしないというより、贈与をされたのだから申告しましたという客観的な証拠になります。

(2) 贈与税の配偶者控除

　結婚20年以上の夫婦であれば、ビックプレゼントが可能です。

　住宅または**住宅取得資金**を贈与した場合には、**2,000万円と基礎控除の110万円を合わせた2,110万円が非課税**となります。このような知識もしっかりと掴んでおき、将来の相続対策の一環になると思われますが、以下に注意事項と方法を記載します。

①夫婦の婚姻期間が20年以上であること（もちろん内縁関係の期間は対象外です）。
②配偶者が、翌年の3月15日までにその贈与により取得した不動産に居住し、その後も引き続き居住する見込みであること（現実的には、現在住んでいる家の持ち分の移転が多いと思います。その年の8月頃、路線価（相続税の評価額を国が発表する）を基に金額や面積を求め、持ち分を按分する方法です。年末までには、所有権移転（贈与）の登記は忘れずにやりましょう。
③同一の配偶者には、1回しかこの特例は使えないこと（再婚されている人は、理論的に2回は使える人もいるかも知れませんね）。

(3) 生前贈与加算の改正（2023年12月31日までと2024年1月1日以降ではかなりの変化）

　2023年12月31日までは今まで通り、生前贈与が行われた財産を相続開始から3年遡って相続税の財産を計算する時に加算されていましたが、今回の改正により2024年1月1日以降に行われる贈与から7年に延長されました。但し、これは、急に延長されるわけではなく、3年後の2027年1月1日以後徐々に延長されてくることになります。加算

期間が完全に7年になるのは、2031年1月1日以後発生した相続から
になることになります。

 ⑤ 相続時精算課税制度の選択 ─────────────

　「相続時精算課税制度」は、60歳以上の父母または祖父母から18歳
以上（2022年4月1日以降）の子・孫への生前贈与について、最大
2,500万円まで贈与税が非課税になる制度です。なお、相続時の相続
財産に、過去の生前贈与した分も合わせて相続税を計算することとなり
ますので、実質的には課税を先送りしている形になります。通常の贈与
の場合は、非課税金額が年間110万円ですので、「相続時精算課税制度」
を適用すると早期に多くの財産を非課税で贈与できるという部分が大き
な特徴となります。

●この制度の注意点
　・当該制度を選択した場合、2,500万円を超えた分の贈与について
　　は、原則贈与時に20%の贈与税がかかります。ただし、相続とな
　　り相続税を計算する際には、支払った贈与税相当額は控除されま
　　す。
　・また、今回の改正が開始される2024年1月1日以後贈与を受け
　　た時は生前贈与の合計額から100万円が控除されることになりま
　　した。

●相続時精算課税制度の改正
　今回の税制改正で相続時精算課税制度を選択した場合、令和6年1月
1日以降は、毎年110万円の基礎控除枠が創設されました。今までは、
2500万円までが非課税枠であり、それを超えると一律20%の課税で
したが、それとは別に、新たに毎年110万円の非課税枠が出来たこと
になります。これは、今まで相続時精算課税を選択する方が少なく推移
していましたが現役世代に早く資金移動等を促す狙いがあると言えま
す。
　更に相続が起きた場合に暦年贈与の場合は、3年の持ち戻しから7年
の持ち戻しに延長されましたが、この相続時精算課税制度を選択した場

合の毎年の110万円の基礎控除枠は持ち戻し計算の対象とはならなくなりましたので、贈与を巡るシミュレーションをしっかりと行い、どの制度を適用したら有利になるかも考える時代になりました。更に複数の贈与者がいる場合は、贈与者ごとに行いますので色々な選択パターンが発生する形となります。

贈与者	60歳以上の親又は祖父母
受贈者	贈与者の推定相続人である 18歳以上の子又は孫
非課税枠	贈与をする人ごとに選択した年から 累計して2,500万円控除
提出書類	贈与税の申告書の提出期限まで ①贈与税の申告書②相続時精算課税選択届出書
税率	2,500万円を超えた部分に対して、一律20%
相続税との関係	贈与財産を贈与時の価格で相続財産に加算 （相続税を超えて納付した贈与税は還付）
新たに加わった制度	**年110万円までの贈与** 贈与税はかからず、相続財産に加えないため 相続税もかからない
	累計2,500万円までの贈与 贈与税はかからないが、相続財産に加えるため 相続税の対象にはなる

6 教育資金一括贈与制度の概要

　教育資金一括贈与制度とは、子や孫に教育資金を贈与する場合、子や孫1人につき1,500万円までは贈与税を非課税とする制度です。具体的には、2013年4月1日から2026年3月31日までの間に、個人（30歳未満の方に限ります。以下「受贈者」といいます）が、教育資金に充てるため、金融機関等との一定の契約に基づき、受贈者の直系尊属（祖父母など）から①信託受益権を付与された場合、②書面による贈与により取得した金銭を銀行等に預入をした場合または③書面による贈与により取得した金銭等で証券会社等で有価証券を購入した場合（以下、これら①～③の場合を「教育資金口座の開設等」といいます）には、これらの信託受益権又は金銭等の価額のうち1,500万円までの金額に相当す

る部分の価額については、金融機関等の営業所等を経由して教育資金非課税申告書を提出することにより贈与税が非課税となります。

　その後、受贈者が30歳に達するなどにより、教育資金口座に係る契約が終了した場合には、非課税拠出額から教育資金支出額（学校等以外に支払う金銭については、500万円を限度とします）を控除した残額があるときは、その残額がその契約が終了した日の属する年に贈与があったこととされます。

　2021年の税制改正により、贈与者が死亡した場合における課税対象の取扱いが厳格化されました。2021年4月1日から2026年3月31日までの間に教育資金を贈与した場合、それ以降の全ての期間において相続が発生した時には、贈与を受けた残額について、亡くなった方の相続財産として足し戻すことになりました。

⑦ 結婚・子育て資金の一括贈与に係る贈与税の非課税措置

　2015年度税制改正により、両親や祖父母の資産を早期に移転することを通じて、子や孫の結婚・出産・育児を後押しするため、これらに要する資金の一括贈与に係る贈与税の非課税措置が創設されました。当該制度を適用すれば、一定の結婚・子育ての目的で子供や孫に金銭等を贈与した場合、贈与税が非課税となります。ただし、口座終了時に残余がある場合には贈与税が課せられたり、契約期間の中途で贈与者が死亡した場合には相続財産に加算される場合もありますので、その際は注意が必要となります。

　2023年の税制改正により、適用期限が2025年3月31日まで延長されました。

● 制度概要

受贈者	18歳以上50歳未満の個人
贈与者	親・祖父母（受贈者の直系尊属）
制度対象資金	妊娠・出産・育児に要する金銭（例えば、不妊治療費、妊婦健診費用、分べん費、幼稚園等の保育料等）結婚に際して要する金銭（例えば、挙式費用、衣装代等の婚礼費用、新居費用、転居費用等）
非課税限度額	受贈者1人につき1,000万円（結婚に際して要する費用については、300万円が限度）
資金の払出し	金融機関へ領収書等の提出
適用期限	2015年4月1日〜2025年3月31日まで
贈与方法	金銭等を金融機関に信託等を行う
申告方法	受贈者は金融機関を経由して、申告書を所轄税務署へ提出
終了要件	受贈者が50歳に達した場合 口座残高が0になり、修了させる合意があった場合 受贈者・贈与者が死亡した場合

その1　会社法の基本知識

　会社法は、2006年5月1日に施行されました。この会社法は、多様化の時代に対応するために誕生しました。今までサラリーマンだった方でも、資本金1円からの設立が認められたことにより、明日からでも起業ができるようになりました。また、法律もひらがな、口語体、枝番号なしの条文となりすっきりし非常に読みやすくなっています。ただし、省令に委ねているものが多く、商いをするための大枠を規定しているものです。今までは、事前規制とも言えるルールから色々な選択肢を設けさせ、後はすべて「自己責任の原則」が働き、各社の責任での運営に移る形です。

　確かに、起業はしやすくなりましたが、今後は経営のセンスや経営の勉強が強いられる時代です。銀行も今までの担保主義から計画や実際の会計データ重視の基準に変わって行くことでしょう。何よりも、安易な気持ちではなく、自らの夢を実現するためにこの新会社法がフィットするとしたら素晴らしいことと思います。

 会社の形態

　会社というと、思い浮かべるのは「株式会社」だと思いますが、その他にも持分会社とよばれる「合同会社（LLC）」「合名会社」「合資会社」といった種類があります（会社法の施行に伴い、「有限会社」の設立はできないこととなりました。）。いずれも、会社法において基本的な事項が制定されています。次頁は、会社の形態による比較表になります。設立費用については、株式会社よりも持分会社の方が低くなっていますが、社会的な認知度といった意味合いではやはり株式会社の方が高いと言えます。しかし、設立費用の低さや自由度の観点から、合同会社の設立も増えてきています。

	株式会社	持分会社		
		合同会社	合名会社	合資会社
最低資本金	1円以上	1円以上	規定なし	規定なし
社員(出資者)の責任	間接有限責任	間接有限責任	無限責任	直接有限・無限責任
社員の出資	金銭その他の財産	金銭その他の財産	金銭その他の財産、労務・信用の出資可	無限責任社員は合名会社と同じ。有限責任社員は金銭その他の財産のみ。
機関設計	株主総会、取締役1名以上が必要	制約なし	制約なし	制約なし
取締役(社員)の任期	原則2年(最長10年延長可。株式譲渡制限会社に限る)	無期限	無期限	無期限
業務執行	取締役または取締役会	社員(業務執行社員)の過半数	社員(業務執行社員)の過半数	社員(業務執行社員)の過半数
最高意思決定機関	株主総会	全社員の同意	全社員の同意	全社員の同意
利益・権限の配分	出資額に比例	自由(定款で定める必要あり)	自由(定款で定める必要あり)	自由(定款で定める必要あり)
組織変更	○	○	○	○
主な設立費用	定款認証手数料	5万円	なし	なし	なし
	印紙代(電子定款の場合は不要)	4万円	4万円	4万円	4万円
	登録免許税	15万円 ※資本金の0.7%が当該金額以上であればその金額	6万円 ※資本金の0.7%が当該金額以上であればその金額	6万円	6万円

以下、株式会社を前提として説明します。

② 取締役などの任期は最大10年まで

　会社の機関設計は、特に「公開会社でない株式会社」かつ「大会社でない株式会社」について、最低限の機関設計のみを定め、企業の成長段階に合わせた柔軟な機関設計の選択を認めています。例えば、取締役1名、株主総会（株主1名）といった、最小限の機関設計を認めています。また、取締役の任期については、原則2年としていますが、定款の定めにより最長10年とすることも認めています（監査役の任期については、原則4年、定款の定めにより10年とすることも認めています）。

※公開会社ではない株式会社（株式譲渡制限会社・非公開会社）
　発行する株式のすべてについて、その株式の譲渡に際して、株主総会または取締役会または代表取締役等の承認を必要とする会社をいいます。

※大会社でない株式会社

 ③ 会計参与の導入

　新しい内部機関として会計参与制度が創設されました。会計参与とは取締役・執行役と共同して計算書類を作成することを職務とするもので、株式会社は定款で会計参与を設置する旨を定めることができます。会計参与になることが出来る者は、税理士・公認会計士に限定されています。

 ④ 「非公開会社・中小会社」はどの機関設計を選択するべきか？

　会社法の機関設計は、株主総会と取締役を必置機関としつつ、他の機関（取締役会、会計参与、監査役、監査役会、会計監査人、委員会）は定款で定めることができる場合と、公開会社か否か及び大会社か否かによりその設置が義務づけられています。

　機関設計の自由度があるのは、前述のように「公開会社ではない株式会社」かつ「大会社ではない株式会社」ということになります。また、組織変更が可能な持分会社（合名会社・合資会社・合同会社）においては、「社員は業務執行をするのが原則」（所有と経営が一致）であり、持分会社における機関設置は何ら義務づけられていません（任意設置は定款自治で可能）。

　これらのことから、株式会社の実態により選択するべき機関設計は自ずと診断できるはずです。その前に、これまでの株式会社としての機関はそのままで「取締役会設置会社」とみなされているため、まずはこれを見直す必要があります。それを考える視点としては、以下の2点であると思われます。

　　①機関設計を複雑にするニーズがあるのか否か
　　②会計の質を高めている努力をどのように意思表示する

●中小会社の機関設計のフロー図

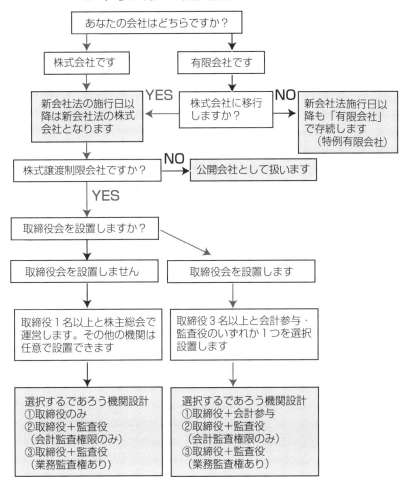

あなたの会社はどちらですか？

株式会社です　／　有限会社です

YES　新会社法の施行日以降は新会社法の株式会社となります　←　株式会社に移行しますか？　NO→　新会社法施行日以降も「有限会社」で存続します（特例有限会社）

株式譲渡制限会社ですか？　NO→　公開会社として扱います

YES

取締役会を設置しますか？

取締役会を設置しません　／　取締役会を設置します

取締役1名以上と株主総会で運営します。その他の機関は任意で設置できます

取締役3名以上と会計参与・監査役のいずれか1つを選択設置します

選択するであろう機関設計
①取締役のみ
②取締役＋監査役
（会計監査権限のみ）
③取締役＋監査役
（業務監査権あり）

選択するであろう機関設計
①取締役＋会計参与
②取締役＋監査役
（会計監査権限のみ）
③取締役＋監査役
（業務監査権あり）

⑤　剰余金の配当

　会社が株主に対して、有する株式の数に応じて会社の財産を分配する場合は、その都度、株主総会の決議を行う必要があります。株主総会で、①配当財産の種類および帳簿価額の総額、②株主に対する配当財産の割当に関する事項、③剰余金の配当が効力を生ずる日を定めることが

第6章　得する中高年の生き方基礎知識

原則となります。

　剰余金の配当の回数については、分配可能額の範囲内であれば、いつでも回数の制限なく配当を行うことができます。ただし、純資産額が300万円を下回る場合には、剰余金の配当はできません。

 ## 6 中小企業の会計指針

　中小企業の会計に関する指針とは、「日本税理士会連合会」「日本公認会計士協会」「日本商工会議所」など中小企業の会計に関する団体が作成したものです。この狙いは、「中小企業が決算書の作成に当たって、根拠となることが望ましい会計処理などを示すことにある」と会計指針において謳われています。この真の狙いは、実は中小企業の会計をきちんとしたものにするという点にあります。上記の会計参与が導入されることにより、会計指針という「物差し」が必要となったわけです。

|参考| LLCとLLP

　合同会社（ＬＬＣ）と有限責任事業組合契約法に基づく有限責任事業組合（ＬＬＰ）とは、いずれもその社員または組合員の全員が有限責任とされ、内部関係について、組合的規律が適用される点で共通しています。

●LLCとLLPの対比表

項目	合同会社 （ＬＬＣ）	有限責任事業組合 （ＬＬＰ）
法人格	あり	なし
業務執行	全社員または 代表執行社員	全組合員が業務執行 に従事
構成員が1名のとき	存続可能	存続できない
株式会社への組織変更	可能	認められない
株式会社からの組織変更	可能	認められない
組織再編成行為	可能	認められない

その2　独立開業のお得な税金

① 専門家を上手く利用しよう

　会社に対する税金の制度はさまざまです。ひとつひとつが非常に複雑難解にできていますので専門家に相談されることをお勧めしますが、法律をよく調べれば納める税金を少なくできることもあります。

　ところで、専門家に相談するときには、できるだけ具体的に事実と、求める結果を伝えた方が適確な答が返ってくるものです。例えば「税金を安くする方法はないですか？」と聞くよりも、「今このような状態なんですが、税金の負担を軽くする方法はないですか？」と聞きます。そのときに、現状を説明する資料を用意しておきます。**毎月の試算表**、**財産目録**、**賃金台帳**、**過去の決算書**、**申告書**などは最低限用意すべきでしょう。相談に応じた専門家は、資料と相談の内容を総合的に判断して「それなら、……の方法がありますがやってみますか」と言うはずです。もちろん資料と相談の内容から「解決の方法はないです」と判断することもあります。解決の方法がないのは諦めるしかないですが、解決の方法を知らなければそれはなかったと同じことなので、それがなかったからといって損をしたとは言えません。

　それと、専門家には**守秘義務**があります。相談の内容や、相談の際に見せた資料の内容は他言されることはありません。疑問、課題などがあれば迷わず専門家の知恵と知識を利用しましょう。

欠損金が生じた場合

（1）欠損金の繰越控除制度

　青色申告書を提出している個人事業者や法人について、欠損（損失）が生じた場合は、その欠損（損失）を翌期以降に繰り越すことができます。ここでは、中小法人等と個人事業主のケースを掲載しておきます

欠損金が生じた事業年度	2016年	2017年	2018年～
対　象	繰越期間		
中 小 法 人 等	9年	9年	10年
個 人 事 業 主	3年	3年	3年

　例えば、中小法人等に該当する場合で第1期目：700万円の欠損（損失）、第2期目：300万円の利益が生じた場合を考えてみます。

　第1期目は、欠損ですので課税所得は生じません。生じた700万円の欠損（損失）は、第2期目に繰り越すことができます。

　第2期目においては、300万円の利益と、第1期目から繰越された欠損（損失）を相殺することができますので、課税所得は0となります。控除しきれない欠損金400万円は、さらに繰り越されます。また、個人事業主の場合（所得税）の場合は、法人の場合よりも繰越期間が短くなっていますので注意してください。

（2）欠損金の繰り戻し還付制度

　青色申告書を提出する法人について、前期において所得（利益）が生じ法人税を納付した法人が、当期は欠損（損失）が生じた場合、前期に納付した法人税の還付を請求することができます。

　　適用対象法人：青色申告書を提出する法人
　　　　　　　　　災害損失欠損金を有する法人
　　　　　　　（注）現在、中小企業等に限定されています

　　還付金額の計算：前事業年度の法人税 × $\dfrac{\text{当事業年度の欠損金}}{\text{全事業年度の所得金額}}$

設備投資にかかる税制優遇制度

　中小企業等投資促進税制とは、設備投資を行う中小企業の利益率を向上させるために導入された優遇措置です。主な内容は、以下の表のようになっています。また、そのほか設備投資に係る優遇措置として、中小企業経営強化税制などもあります。細かな条件や、その他の優遇措置については、税務署などの行政窓口や税理士などの税金の専門家にご相談ください。

●中小企業等投資促進税制

適用事業者		青色申告を提出する 中小企業者等・個人事業主
対象設備	機械装置	1台の取得価格が160万円以上のもの
	測定工具・検査工具	1台の取得価格が120万円以上のもの
	一定のソフトウェア	1台の取得価格が70万円以上のもの
	普通貨物自動車	車両総重量3.5 t以上
	内航船舶	全て(取得価格の75%が対象となります)
特例		取得価格の30%の特別償却または、 取得価格の7%の税額控除(限度額あり)
適用期間		2023年3月31日まで

適用期間が延長されることもありますのでHPでご確認をお願いします。

 生産性向上設備導入に関する固定資産税の減免措置

　自治体の策定する「導入促進基本計画」に基づき、「先端設備等導入計画」の認定を受けた中小企業者等(中小法人・個人事業者)に対して、中小事業者等が、適用期間内に、市区町村から認定を受けた「先端設備等導入計画」に基づいて、一定の設備を新規取得した場合、新規取得設備に係る固定資産税の課税標準が3年間、1/2に軽減されます。
　また、従業員に対する賃上げ方針の表明を①計画内に記載した場合、2024年3月末までの新規設備取得においては①設備導入とともに5年間1/3に軽減、2025年3月末までに取得した場合は4年間にわ

たって１／３に軽減されます。
・適用期間
2023年4月1日 ～ 2025年3月31日までの期間（2年間）
・一定の設備とは
　労働生産性の向上に必要な生産、販売活動等の用に直接供される下記
の設備
　　機械装置、測定工具及び検査工具、器具備品、建物附属設備、ソフ
トウェア
※市区町村が策定する導入促進基本計画で異なる場合があります。

・一定程度向上とは？
・基準年度比（直近の事業年度末）で労働生産性が年平均3％以上向上
すること。

 ## ⑤ 雇用促進のための税制優遇制度─────

（1）地方拠点強化税制

　企業が本社機能の全部または一部を、東京23区から地方に移転する
場合、地方で拡充または東京23区以外から地方に移転する場合、「オ
フィス減税」または「雇用促進税制」の適用を受けることができます。
　「オフィス減税」とは、地方で本社機能を有する施設を新設または増設
する場合に、建物等の取得価額に応じて、特別償却または税額控除を受
けられます。例えば、東京23区から地方へ移転した場合（移転型事業と
いいます）、特別償却25％または税額控除7％の適用が受けられます。
　「雇用促進税制」とは、地方で新たに従業員を雇い入れる場合などに、
その増加数に応じて、税額控除を受けられます。移転型事業の場合、増
加させた雇用者一人当たり最大3年間で170万円の税額控除が受けら
れます。このうち、最大120万円は、オフィス減税と併用可能となり
ます。
　詳しい要件・内容等については、内閣府地方創生推進事務局HPをご
確認ください。

（2）賃上げ促進税制（旧：所得拡大促進税制）

　中小企業者等が、前年度より給与等を増加させた場合に、その増加額の一部を法人税（個人事業主は所得税）から税額控除できる制度です。2022年度税制改正において、中小企業全体として雇用を守りつつ、積極的な賃上げや人材投資を促す観点から、控除率の上乗せ要件が見直され、控除率が最大40％に引き上げられました。当該制度は、2022年4月1日から2024年3月31日までの期間内に開始する事業年度が対象となります。

※税額控除額の上限は、法人税額または所得税額の20％が上限となります。

【適用要件】　　　　　　　　　　　　　　　　　　　　　　【税額控除】

| 通常要件 | 雇用者給与等支給額が前年度と比べて1.5％以上増加 | ⇒ | 控除対象雇用者給与等支給増加額の15％を法人税額又は所得税額から控除 |

| 上乗せ要件① | 雇用者給与等支給額が前年度と比べて2.5％以上増加 | ⇒ | 税額控除率を15％上乗せ |

| 上乗せ要件② | 教育訓練費の額が前年度と比べて10％以上増加 | ⇒ | 税額控除率を10％上乗せ |

得する老後の
基礎知識

① 70歳までの就業機会確保

　高年齢雇用安定法という法律で企業の定年は60歳以上とすることと決められています。その後65歳までは希望者全員を定年延長、再雇用制度、定年廃止などの方法によって雇用する制度を設ける義務があります。（2025年3月31日までは一定の条件を満たした企業は64歳以下まで希望者全員雇用する制度、その後65歳まで会社の決めた基準をクリアした人を雇用する制度を設けることが許されています）これによって、60歳から老齢年金の支給開始までの間の収入を確保する道が開かれました。そして、2021年4月1日からは70歳までの就業機会確保が企業に努力義務として課されました。

　具体的には、70歳までの定年引上げ、70歳までの再雇用制度、定年の廃止、70歳まで継続的に業務委託契約を締結する制度、70歳まで継続的に企業が行う社会貢献事業（企業が委託等をしている団体などが行う社会貢献事業）に従事できる制度のどれかを導入するように求められます。60歳定年、65歳再雇用満了というこれまで定着してきたライフステージに65歳から70歳までの就業期間が追加されました。

　注意すべき点は2つあります。60歳以降の再雇用については、「希望者」を対象としていることです。つまり、本人が希望しなければ再雇用などの就業機会確保措置の対象とはならないので自分の意思でリタイアすることは可能だということです。もう一つは、65歳から70歳までの就業機会確保は、企業に対する努力義務であるということです。努力義務は単なる義務とは違い、企業に努力することを義務化しているに過ぎず、制度導入を義務化しているのではありません。ですから、勤めている会社に70歳までの就業機会確保制度がなくても法違反とは言い切れないということです。

	60歳	61歳	62歳	63歳	64歳	65歳
2022.4.1	希望者全員を雇用する制度					会社の決めた基準をクリアした人を雇用する制度
2025.4.1	希望者全員を雇用する制度					

	65歳	66歳	67歳	68歳	69歳	70歳
2021.4.1	・70歳までの定年引上げ ・70歳までの再雇用制度 ・定年の廃止 ・70歳まで継続的に業務委託契約を締結する制度 ・70歳まで継続的に企業が行う社会貢献事業（企業が委託等をしている団体等が行う社会貢献事業）に従事できる制度					

② 高齢者の仕事探し支援

　60歳を機会に一度骨休めをして、新たな出発を志す人、仕事はしたいけど会社人間になりたくない人、再出発のために能力開発を望む人は、次の施策を利用できます。

　在職者を対象に仕事探し支援を展開しているのは、**「産業雇用安定センター」**です。在職者の仕事探し支援とは違和感があるかもしれませんが、転籍や出向といった企業の都合による企業間の人の移動が増えてきており、それを支援するのが大きな目的となっています。人を送り出したい企業と受入れたい企業の情報提供や斡旋を行うことで、失業を未然に防ぐ役目を果しています。また、ここでは、在職者の就職支援として在職者向けに転職のための職業相談や職業紹介、各種のセミナーの開催などを行っています。

　ハローワークでは、高齢者（65歳以上）の再就職の援助として専用の窓口**「生涯現役支援窓口」**を設けているところもあります。

　仕事はしたいけど、会社人間には戻りたくない、毎日仕事をするには体に自信がないという人は、**「シルバー人材センター」**を活用することもできます。シルバー人材センターは、臨時的短期的な仕事を希望する人のために無料の職業紹介を行っています。

　また、55歳以上の求職者を対象に、職業技能訓練が厚生労働省の委託事業所で実施されています。この技能講習へは無料で参加できます。

● 高齢者の仕事探し支援策

概要	在職者の再就職・出向・転籍支援	短期臨時職業の紹介
実施窓口	産業雇用安定センター	シルバー人材センター
ホームページ アドレス	https://www.sangyo.or.jp/	https://www.zsjc.or.jp/
概要	高齢者雇用相談窓口	
実施窓口	ハローワーク	

① 老後どんな年金がもらえるの ——————————

　わが国の公的年金は、全国民に共通した「**国民年金（基礎年金）**」を基礎に、**厚生年金**の被用者年金、**厚生年金基金**などの3階建ての体系となっています。

　このうち、老齢や退職によってもらえるのが**老齢基礎年金、老齢厚生年金**です。老齢基礎年金は全国民共通のものであり、この**受給資格期間**（年金をもらうのに必要な期間）を満たしていなければ、老齢基礎年金だけではなく、老齢厚生年金ももらうことはできません。具体的には、国民年金の保険料を納めた期間**（保険料納付済期間）**と、所得が低いなどの理由で申請して保険料を納めるのを免除してもらった期間**（保険料免除期間）、合算対象期間**（下記参照）の合計が120か月以上あることが必要です。厚生年金や共済年金の被保険者期間（国民年金第2号被保険者期間）、厚生年金や共済年金の被保険者の被扶養配偶者（第3号被保険者期間）であった期間は、国民年金の保険料を納めた期間として計算されますので、公的年金に加入していた期間が併せて10年以上あればよいということです。

　　○**合算対象期間**
　　受給資格期間には算入されますが、年金額の計算の基礎にはならない期間。
　　・1961年4月から1986年3月までの間で配偶者が厚生年金、共済組合に加入していて、本人がなんの年金にも加入しなかった期間。
　　・学生であって、1961年4月から1991年3月末までの間で、国民年金に任意加入しなかった期間（20歳から60歳までの期間に限る）。
　　など

●あなたがもらえる年金がひと目で分かる図

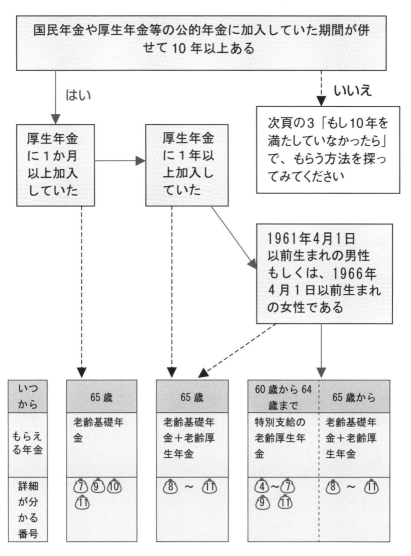

国民年金や厚生年金等の公的年金に加入していた期間が併せて 10 年以上ある

はい

いいえ

厚生年金に1か月以上加入していた

厚生年金に1年以上加入していた

次頁の3「もし10年を満たしていなかったら」で、もらう方法を探ってみてください

1961年4月1日以前生まれの男性もしくは、1966年4月1日以前生まれの女性である

いつから	65 歳	65 歳	60 歳から 64 歳まで	65 歳から
もらえる年金	老齢基礎年金	老齢基礎年金＋老齢厚生年金	特別支給の老齢厚生年金	老齢基礎年金＋老齢厚生年金
詳細が分かる番号	⑦ ⑨ ⑩ ⑪	⑧ ～ ⑪	④～⑦ ⑨ ⑪	⑧ ～ ⑪

② 「年金ネット」で年金加入記録や年金見込額を確認しよう ──

　インターネットを通じて、いつでも自分の年金記録が確認できるようになりました（日本年金機構HP）。2011年4月以降の「ねんきん定期便」に記載されているアクセスキーを使って登録すると利用できます。参照できる年金情報は、①公的年金加入歴、②国民年金保険料納付状況、③厚生年金加入時の会社名・標準報酬月額・標準賞与額、④年金見込額（「ねんきん定期便」発行時の額）等です。また、在職時の年金額や退職後の年金額、繰上げ・繰下げ支給を受ける場合等自分が指定した条件での年金見込額が試算できます。

③ もし10年を満たしていなかったら ───────────

　60歳になって受給資格期間を満たしていない場合には任意継続ができるなど、下記の方法がありますので検討してみてください。
・受給資格期間を満たせない場合、70歳になるまで国民年金の高齢任意加入被保険者となる。
・60歳以降も勤務し、厚生年金被保険者（国民年金第2号被保険者）となる。この場合、受給資格期間を満たしていても被保険者となります。ただし、69歳までです。
・受給資格期間を満たしていても、40年の納付済期間がないため老齢基礎年金を満額受給できない方は、年金額を増やすために65歳になるまで国民年金に任意加入できます。

☆1年以上厚生年金に加入しよう
　1961年4月1日以前生まれの男性、もしくは1966年4月1日以前生まれの女性は、1年以上厚生年金に加入していたら早ければ60歳から年金をもらうことができます。
　現在、厚生年金の加入期間が1年未満の人も、これから厚生年金の加入期間が1年になればよいわけです。厚生年金の加入期間が1年未満の人は65歳にならないと年金をもらうことができませんので、厚生年金の加入期間が1年あるのとないのとでは大違いです。厚生年金の被保険者として働くことを検討してみてはいかがでしょうか。

---

④ 特別支給の老齢厚生年金 —————————

①いつからもらえるの

　現在、年金がもらえるのは原則として65歳からです。しかし、1986年に基礎年金制度が導入される前までは、厚生年金は60歳からもらうことができました。制度が変わったからといって、いきなり65歳に引き上げると生活設計が突然大きく変わることになります。そこで、段階的に引き上げていくことになりました。その移行期間中は、60歳から65歳になるまで特別に年金を支給しましょうということになっています。この、60歳から65歳になるまでの年金のことを**特別支給の老齢厚生年金**といいます。

　特別支給の老齢厚生年金は、**「報酬比例部分」**と**「定額部分」**からなっており、下記の条件に該当した人に、支給されます。

　・老齢基礎年金の受給資格期間を満たしている
　・1年以上厚生年金の被保険者期間がある

　65歳になると特別支給の老齢厚生年金は打ち切られ、「報酬比例部分」は老齢厚生年金に、「定額部分」は老齢基礎年金になります。

　最終的には、1961年4月2日以降生まれの男子、1966年4月2日以降生まれの女子から65歳からでないと年金を受け取ることができなくなり、移行期間は終了します。生年月日によって「報酬比例部分」と「定額部分」の支給開始年齢が違いますので、次頁でご確認ください。

●老齢厚生年金の受給開始年齢早見表

生年月日	60歳	61歳	62歳	63歳	64歳	65歳
男子 1941.4.1以前	報酬比例部分					老齢厚生年金
女子 1946.4.1以前	定額部分					老齢基礎年金
男子 1941.4.2〜1943.4.1	報酬比例部分					老齢厚生年金
女子 1946.4.2〜1948.4.1		定額部分				老齢基礎年金
男子 1943.4.2〜1945.4.1	報酬比例部分					老齢厚生年金
女子 1948.4.2〜1950.4.1			定額部分			老齢基礎年金
男子 1945.4.2〜1947.4.1	報酬比例部分					老齢厚生年金
女子 1950.4.2〜1952.4.1				定額部分		老齢基礎年金
男子 1947.4.2〜1949.4.1	報酬比例部分					老齢厚生年金
女子 1952.4.2〜1954.4.1					定額部分	老齢基礎年金
男子 1949.4.2〜1953.4.1	報酬比例部分					老齢厚生年金
女子 1954.4.2〜1958.4.1						老齢基礎年金
男子 1953.4.2〜1955.4.1		報酬比例部分				老齢厚生年金
女子 1958.4.2〜1960.4.1						老齢基礎年金
男子 1955.4.2〜1957.4.1			報酬比例部分			老齢厚生年金
女子 1960.4.2〜1962.4.1						老齢基礎年金
男子 1957.4.2〜1959.4.1				報酬比例部分		老齢厚生年金
女子 1962.4.2〜1964.4.1						老齢基礎年金
男子 1959.4.2〜1961.4.1					報酬比例部分	老齢厚生年金
女子 1964.4.2〜1966.4.1						老齢基礎年金
男子 1961.4.2〜						老齢厚生年金
女子 1966.4.2〜						老齢基礎年金

＊報酬比例部分のみ支給される期間について、退職していて、しかも①障害認定日相当日以後3級以上の障害の状態にある（本人の請求が必要）か、あるいは②厚生年金の被保険者期間が44年（528か月）以上あれば、定額部分＋報酬比例部分が支給されます。

②もらえるのは平均で約16万円

　特別支給の老齢厚生年金の年金額は、定額部分と報酬比例部分を合算した額に加給年金額を加えた額です。

　定額部分は、次の算式で算出した額です。

　定額部分＝1,657円×厚生年金被保険者期間の月数
　　　　　　　　　× 生年月日に応じた一定の率（次頁定額部分の乗率）

　また、厚生年金被保険者期間の月数は、生年月日によって上限が決まっています（次頁参照）。

　報酬比例部分は、総報酬制が導入された2003年3月までの被保険者期間にかかる部分（**A**）と2003年4月以降の被保険者期間にかかる部分（**B**）とに分けて計算し、それを合算します。

A 2003年3月までの被保険者期間にかかる部分の年金額
　　平均標準報酬月額×乗率（次頁参照）×被保険者期間の月数

B 2003年4月以後の被保険者期間にかかる部分の年金額
　　平均標準報酬額×乗率（次頁参照）×被保険者期間の月数

A＋Bが年金額です。

　平均標準報酬月額とは、2003年3月までの厚生年金被保険者であったすべての期間の標準報酬月額の平均です。

　平均標準報酬額とは、2003年4月以後の標準報酬月額と標準賞与額の総額を2003年4月以後の被保険者期間の月数で割ったものです。ただし、平均標準報酬月額と平均標準報酬額は、最近の賃金水準によって再評価されます。また、2000年に再評価率等の計算式に変更がありましたので2000年までの計算方法と比べて多いほうの金額が年金額となります。

報酬比例部分		定額部分		加給年金
被保険者であった間の平均給与と被保険者期間の月数によって計算	+	被保険者期間の月数によって計算	+	年金の扶養手当的なもの（次頁参照）

●定額部分と報酬比例部分の乗率

生年月日	定額部分の乗率	報酬比例部分の乗率	
		平成15年3月まで	平成15年4月以降
1926.4.2～1927.4.1	1.875	1000分の9.500	1000分の7.308
1927.4.2～1928.4.1	1.817	1000分の9.367	1000分の7.205
1928.4.2～1929.4.1	1.761	1000分の9.234	1000分の7.103
1929.4.2～1930.4.1	1.707	1000分の9.101	1000分の7.001
1930.4.2～1931.4.1	1.654	1000分の8.968	1000分の6.898
1931.4.2～1932.4.1	1.603	1000分の8.845	1000分の6.804
1932.4.2～1933.4.1	1.553	1000分の8.712	1000分の6.702
1933.4.2～1934.4.1	1.505	1000分の8.588	1000分の6.606
1934.4.2～1935.4.1	1.458	1000分の8.465	1000分の6.512
1935.4.2～1936.4.1	1.413	1000分の8.351	1000分の6.424
1936.4.2～1937.4.1	1.369	1000分の8.227	1000分の6.328
1937.4.2～1938.4.1	1.327	1000分の8.113	1000分の6.241
1938.4.2～1939.4.1	1.286	1000分の7.990	1000分の6.146
1939.4.2～1940.4.1	1.246	1000分の7.876	1000分の6.058
1940.4.2～1941.4.1	1.208	1000分の7.771	1000分の5.978
1941.4.2～1942.4.1	1.170	1000分の7.657	1000分の5.890
1942.4.2～1943.4.1	1.134	1000分の7.543	1000分の5.802
1943.4.2～1944.4.1	1.099	1000分の7.439	1000分の5.722
1944.4.2～1945.4.1	1.065	1000分の7.334	1000分の5.642
1945.4.2～1946.4.1	1.032	1000分の7.230	1000分の5.562
1946.4.2～	1.000	1000分の7.125	1000分の5.481

●定額単価計算時の被保険者期間の上限

生年月日	上　限
1934.4.2～1944.4.1	444月（37年）
1944.4.2～1945.4.1	456月（38年）
1945.4.2～1946.4.1	468月（39年）
1946.4.2以降	480月（40年）

＊中高齢の特例に該当する人が被保険者期間20年（240月）
　未満のときは、240月とします。

③配偶者がいれば最大約40万円の加給年金がプラス

　加給年金額は、報酬比例部分と定額部分の両方を受けることができるようになったときに生計を維持している65歳未満の配偶者、高校生以下の子（18歳に達した後最初に到来する3月31日までにある子）、または20歳未満で1級、2級の障害の子がいる場合に支給されます。いわば、年金の扶養手当です。ただし、厚生年金の被保険者期間が20年以上（中高齢の特例に該当する人はその年数以上）ある場合に限ります。したがって、あと少しで厚生年金の被保険者期間が20年になる人は、20年になるまで60歳以降も引き続いて厚生年金の被保険者になった方がよいと思います。支給額は、下記をご覧ください。

　また、年金の受給権者（年金をもらうことができる人）の生年月日が1934年4月2日以後の人には下記の**特別加算**が行われます。

　配偶者加給年金額は、配偶者が65歳になると打ち切られ、その後は配偶者が1966年4月1日以前生まれの場合は、配偶者自身の老齢基礎年金に**振替加算**が行われます（230～231頁参照）。つまり、加給年金が減った代わりに配偶者の老齢基礎年金に加算されるわけです。また、配偶者が、老齢厚生年金（厚生年金の被保険者期間が20年、または中高齢の特例に該当する人はその年数以上）の受給権を有するときや障害厚生年金を受けられる間は、その間配偶者の加給年金額は支給停止されます。

●ひと目で分かる加給年金額

配偶者	228,700円
1人目・2人目	各228,700円
3人目以降の子	各76,200円

●ひと目で分かる特別加算額

受給権者の生年月日	特別加算額
1934.4.2～1940.4.1	33,800円
1940.4.2～1941.4.1	67,500円
1941.4.2～1942.4.1	101,300円
1942.4.2～1943.4.1	135,000円
1943.4.2以後	168,800円

●特別加算のついた特別支給の老齢厚生年金

特別加算額
加給年金
定額部分
報酬比例部分

5 働きながらもらう年金

①支給停止の仕組み

　在職中（厚生年金の被保険者）の場合、年金の全部、または一部が支給停止されることがあります。支給停止額の計算方法などは次頁でご確認ください。

　年金を支給停止（減額）されない働き方には、（イ）自営業（ロ）厚生年金の適用事業所以外で働く（ハ）厚生年金の適用事業所で被保険者にならないで働く（被保険者になるかならないかは働く時間で決まります。詳細は17頁参照）の3つの方法があります。このケースの場合、自営業でいくら稼いでも、サラリーマンとしていくら給与をもらっても、年金を支給停止されることはありません。60歳になって継続して同じ会社で働くにしても、再就職するにしても、給与が減額になる場合が多いようです。少々の減額であれば、年金と合わせていままでの給与以上となることが多いようですが、減額幅が大きければ、年金や**高年齢雇用継続基本給付金**（241頁参照）と合わせても、いままでもらっていた給与にも満たないこともあります。

●在職老齢年金の減額の仕組み

（1）　総報酬月額相当額と基本月額との合計額が48万円以下の場合支給停止されず全額支給

（2）　総報酬月額相当額と年金月額との合計額が48万円を超える場合
　　　支給停止額＝（基本月額＋総報酬月額相当額－48万円）×1/2

＊基本月額とは加給年金額を除いた老齢厚生年金（報酬比例部分）の月額のことです。特別支給の老齢厚生年金も同様です。

＊基本月額には加給年金額は含みません。また、加給年金額は、全額が支給停止になると加給年金も全額支給停止となります。

＊総報酬月額相当額とは、標準報酬月額とその月以前1年間にもらった賞与の総額（標準賞与額）を12で割って得た額の合計額のことです。

②在職老齢年金を受けている方の年金額の改定

●在職定時改定

基準日（9月1日）において被保険者である受給権者の老齢厚生年金について、毎年、基準日の属する月前の被保険者期間を算入し、基準日の属する月の翌月（10月）に年金額の再計算を行います。これを「在職定時改定」といいます。

・毎年、基準日の属する月前の厚生年金保険加入期間を追加して年金額の再計算が行われます。

＊在職定時改定の対象は、65歳以上70歳未満の方に限られます。

●退職改定

厚生年金保険に加入しながら老齢厚生年金を受けている方が、退職して1か月を経過したときは、退職した翌月分の年金額から見直されます。これを「退職改定」といいます。

・年金額の全部または一部の支給停止がなくなり、全額支給されます。

・年金額に反映されていない退職までの厚生年金保険加入期間を追加して、年金額の再計算が行われます。

※退職して1か月以内に再就職し、厚生年金保険に加入したとき（転職など）は、退職改定は行われず引き続き在職老齢年金として支払いが行われます。

※70歳以上の期間は、厚生年金保険に加入していないため、年金額の計算には反映しません。

●在職定時改定

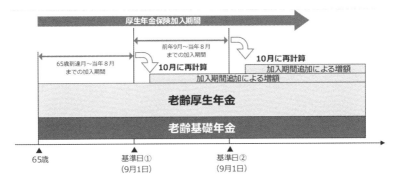

厚生年金保険加入期間

前年9月～当年8月
までの加入期間

65歳到達月～当年8月
までの加入期間

10月に再計算

10月に再計算

加入期間追加による増額

加入期間追加による増額

老齢厚生年金

老齢基礎年金

65歳

基準日①
(9月1日)

基準日②
(9月1日)

●退職改定

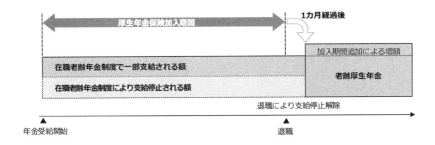

厚生年金保険加入期間

1カ月経過後

加入期間追加による増額

在職老齢年金制度で一部支給される額

老齢厚生年金

在職老齢年金制度により支給停止される額

退職により支給停止解除

年金受給開始

退職

失業保険の受給期間中、年金は全額支給停止

　退職して、雇用保険の基本手当（いわゆる失業保険、第5章第6節参照）をもらっている間は基本手当が優先し、特別支給の老齢厚生年金は全額支給停止となります（65歳以降の老齢厚生年金の場合は支給停止とならず、どちらももらえます）。支給停止の期間は、求職の申し込みを行った月の翌月から基本手当の受給期間、または所定給付日数が経過するまでです。この期間中でも、基本手当の支給対象日が1日もない月については老齢厚生年金が支給されます。逆に1日でも基本手当を受けると、その月は年金が全額停止、つまり、まったく年金をもらうことはできません。このため、同じ日数分の基本手当をもらっても、人によって年金の支給停止月数が異なる場合もあります。そこで、基本手当をもらうことができなくなった後に精算が行われます。具体的には、受給期間、または所定給付日数が経過した時点で、次頁の式で計算した支給停止解除月数が1以上の場合は、その月数分の年金停止が解除され、直近の年金停止月から順次遡って年金が支給されます。

　働きながら特別支給の年金をもらうときには、厚生年金の在職老齢年金の仕組みによる支給調整のほかに、高年齢雇用継続給付（241頁参照）を受けている間は、給料（標準報酬月額）の6%（60歳時の賃金の61%未満に賃金が下がったため、高年齢雇用継続給付の最高の支給率である15%が支給される場合）を限度として年金の支給停止が行われます。

●雇用保険の給付受給中の年金支給停止イメージ

◆年金と失業保険との調整の例

求職の申込み　　　　　　　　　　　基本手当受給期間経過

| 1月 | 2月 | 3月 | 4月 | 5月 | 6月 |

——— 老齢厚生年金支給停止 ———→
（調整対象期間）

◆基本手当受給による年金停止事後精算

$$支給停止解除月数 ＝ 年金停止月数 － \frac{基本手当をもらった日数}{30}$$
$$（1未満切上げ）$$

□例

　5か月支給停止されていた間に、基本手当を118日もらった。

$$支給停止解除月数 ＝ 5 － \frac{118}{30}$$

　　＝1となり、1か月分が支給停止解除され、1か月分の年金が
支給される。

◆高年齢雇用継続給付との調整

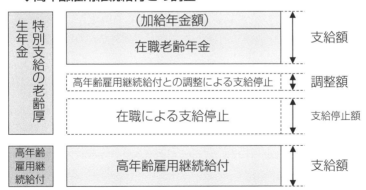

⑦ 老齢基礎年金は約80万円もらえる

　全国民共通の**老齢基礎年金**は、受給資格期間を満たした（216頁参照）人に65歳から支給されます。

　2023年度の老齢基礎年金の額は、795,000円です。これは、国民年金の強制加入期間である20歳から60歳に達するまでの40年間がすべて保険料納付済期間（第2号、3号被保険者期間を含む）である人の場合です。ただし、国民年金制度ができたのは、1961年4月であり、その当時20歳以上であった人は、60歳までに40年間になりませんので、1961年4月以降60歳までの期間（加入可能年数）がすべて保険料納付済期間であれば、満額の老齢基礎年金を受給できます。保険料を納めていない期間（保険料免除期間）がある人は、次頁の式で計算します。加入可能年数のすべてが保険料免除期間であっても、年金は1/2支給（2009年3月以前の免除期間については1/3）されます。これは、現在老齢基礎年金支給額の1/2を国が負担しているからです。免除申請などをしないで個人が支払っていない期間は、年金額にまったく反映されません。

　配偶者の老齢厚生年金や障害厚生年金に「加給年金額」が加算されている場合、その対象になっているご本人が65歳になると、配偶者の加給年金の支給が終了します。このとき、加給年金の対象であったご本人が老齢基礎年金を受け取る場合に、下記の要件をすべて満たすと、ご本人の老齢基礎年金の額に加算がつきます。これを「振替加算」といいます。
【振替加算を受ける方の要件】
① 生年月日が「大正15年4月2日〜昭和41年4月1日」の間であること。
② ご本人が老齢基礎年金のほかに、老齢厚生年金や退職共済年金を受けている場合は、厚生年金保険と共済組合等の加入期間の合計が20年未満であること。

●老齢基礎年金早分かり

65歳になると老齢基礎年金

⬇

老齢基礎年金は40年加入で約80万円

⬇

保険料免除期間がある場合の老齢基礎年金額

795,000円 × $\dfrac{\text{保険料納付済期間の月数+保険料1/4免除期間月数×7/8(5/6)}+\text{保険料半額免除期間の月数×3/4(2/3)}+\text{保険料3/4免除期間の月数×5/8(1/2)+保険料全額免除の月数×1/2(1/3)}}{\text{加入可能年数×12}}$

（　）内は、2009年3月以前の免除期間についてです。

●ひと目で分かる振替加算額

　振替加算の額は、以下の表のように、昭和61年4月1日に59歳以上（大正15年4月2日から昭和2年4月1日生まれ）の方については228,100円で、それ以後年齢が若くなるごとに減額していき、昭和61年4月1日に20歳未満（昭和41年4月2日以後生まれ）の方はゼロとなるように決められています。

配偶者の生年月日	政令で定める率	年額（円）	月額（円）
昭和2年4月1日まで	1	228,100	19,008
昭和2年4月2日〜昭和3年4月1日	0.973	221,941	18,495
昭和3年4月2日〜昭和4年4月1日	0.947	216,011	18,000
昭和4年4月2日〜昭和5年4月1日	0.92	209,852	17,487
昭和5年4月2日〜昭和6年4月1日	0.893	203,693	16,974
昭和6年4月2日〜昭和7年4月1日	0.867	197,763	16,480
昭和7年4月2日〜昭和8年4月1日	0.84	191,604	15,967
昭和8年4月2日〜昭和9年4月1日	0.813	185,445	15,453
昭和9年4月2日〜昭和10年4月1日	0.787	179,515	14,959
昭和10年4月2日〜昭和11年4月1日	0.76	173,356	14,446

配偶者の生年月日	政令で定める率	年額（円）	月額（円）
昭和11年4月2日～昭和12年4月1日	0.733	167,197	13,933
昭和12年4月2日～昭和13年4月1日	0.707	161,267	13,438
昭和13年4月2日～昭和14年4月1日	0.68	155,108	12,925
昭和14年4月2日～昭和15年4月1日	0.653	148,949	12,412
昭和15年4月2日～昭和16年4月1日	0.627	143,019	11,918
昭和16年4月2日～昭和17年4月1日	0.6	136,860	11,405
昭和17年4月2日～昭和18年4月1日	0.573	130,701	10,891
昭和18年4月2日～昭和19年4月1日	0.547	124,771	10,397
昭和19年4月2日～昭和20年4月1日	0.52	118,612	9,884
昭和20年4月2日～昭和21年4月1日	0.493	112,453	9,371
昭和21年4月2日～昭和22年4月1日	0.467	106,523	8,876
昭和22年4月2日～昭和23年4月1日	0.44	100,364	8,363
昭和23年4月2日～昭和24年4月1日	0.413	94,205	7,850
昭和24年4月2日～昭和25年4月1日	0.387	88,275	7,356
昭和25年4月2日～昭和26年4月1日	0.36	82,116	6,843
昭和26年4月2日～昭和27年4月1日	0.333	75,957	6,329
昭和27年4月2日～昭和28年4月1日	0.307	70,027	5,835
昭和28年4月2日～昭和29年4月1日	0.28	63,868	5,322
昭和29年4月2日～昭和30年4月1日	0.253	57,709	4,809
昭和30年4月2日～昭和31年4月1日	0.227	51,779	4,314
昭和31年4月2日～昭和32年4月1日	0.2	45,740	3,811
昭和32年4月2日～昭和33年4月1日	0.173	39,565	3,297
昭和33年4月2日～昭和34年4月1日	0.147	33,619	2,801
昭和34年4月2日～昭和35年4月1日	0.12	27,444	2,287
昭和35年4月2日～昭和36年4月1日	0.093	21,269	1,772
昭和36年4月2日～昭和41年4月1日	0.067	15,323	1,276
昭和41年4月2日以後	-	-	-

65歳以降の老齢厚生年金

　60歳代前半の特別支給の老齢厚生年金は、厚生年金の被保険者期間が1年以上必要でしたが、65歳からの老齢厚生年金は、1か月でも被保険者期間があれば支給されます。ただし、老齢基礎年金の受給資格期間を満たしている必要があります。

　報酬比例や定額部分といった60歳代前半の特別支給の老齢厚生年金を受給していたものが65歳になると、老齢基礎年金と老齢厚生年金にそれぞれ切り替わります。このとき、改めて年金請求書を提出しなければなりません。

　老齢厚生年金の額は、報酬比例部分と同じ式（221頁参照）で計算されます。定額部分が老齢基礎年金となるのですが、厚生年金保険の被保険者期間の一部（20歳前や60歳以後の期間など）が老齢基礎年金に反映されないため、定額部分が老齢基礎年金より高い額となります。そこで、当分の間、その差額が経過的加算として65歳からの老齢厚生年金に加算されます。経過的加算の計算式は、下記でご確認ください。

　配偶者や子の加給年金の支給要件や支給金額は、特別支給の老齢厚生年金と同様です。

●65歳になっての厚生年金図

特別支給の老齢厚生年金	（報酬比例部分）	老齢厚生年金
		経過的加算額
	（定額部分）	老齢基礎年金

●経過的加算額の計算方法

1,657円 ×（生年月日に応じた乗率）×厚生被保険者期間の月数

$$-795,000円 \times \frac{昭36.4以後で20歳以上60歳未満の厚生年金被保険者期間の月数}{加入可能年数 \times 12}$$

◆生年月日に応じた乗率

生年月日	乗率
1926.4.2〜1927.4.1	1.875
1927.4.2〜1928.4.1	1.817
1928.4.2〜1929.4.1	1.761
1929.4.2〜1930.4.1	1.707
1930.4.2〜1931.4.1	1.654
1931.4.2〜1932.4.1	1.603
1932.4.2〜1933.4.1	1.553
1933.4.2〜1934.4.1	1.505
1934.4.2〜1935.4.1	1.458
1935.4.2〜1936.4.1	1.413

生年月日	乗率
1936.4.2〜1937.4.1	1.369
1937.4.2〜1938.4.1	1.327
1938.4.2〜1939.4.1	1.286
1939.4.2〜1940.4.1	1.246
1940.4.2〜1941.4.1	1.208
1941.4.2〜1942.4.1	1.170
1942.4.2〜1943.4.1	1.134
1943.4.2〜1944.4.1	1.099
1944.4.2〜1945.4.1	1.065
1945.4.2〜1946.4.1	1.032
1946.4.2以後	1.000

 9 **年金を早くもらうには**

①自営業者の場合（特別支給の老齢厚生年金がもらえない人）

　前述したように**老齢基礎年金**は65歳からの支給です。しかし、健康に自信のない人など65歳まで待てないという人のために**「繰上げ支給制度」**というものがあります。この制度を使えば、65歳にならなくても60歳〜64歳の間で繰上げ支給の老齢基礎年金が請求できます。ただし、早くもらえる分年金額は減額され、それは一生涯続きます。したがって、この制度の利用は、自分の健康状態、資産内容などを十分考えたうえで行ってください。繰上げ請求したときの支給率は、次頁でご確認ください。

②サラリーマンの場合

　老齢基礎年金を繰上げ受給すると定額部分が一部支給停止されます。

　1948（女性は1953）年4月2日以後生まれの人から、報酬比例部分の段階的な65歳への引き上げが始まりました。そこで、これらの特例支給開始年齢に達する前に報酬比例部分の繰上げの請求ができるようになりました。ただし、本来の受給開始年齢で受け取る額から、繰上げ請求日から本来の受給開始日までの月数ごとに0.5％減額されます（昭和３７年４月２日以降生まれの方は0.4％）。

　また、同時に老齢基礎年金の繰上げ請求をしなければなりません。1961（女性は1966）年4月2日以後生まれの人から、特別支給の

老齢厚生年金の制度がなくなり老齢厚生年金の支給開始が65歳になります。これらの人も老齢基礎年金と老齢厚生年金の繰上げ請求ができ、減額の仕組みも同様で、同時に老齢基礎年金の繰上げ請求をしなければなりません。

●老齢基礎年金の繰上げ請求時の支給率

【昭和37年4月2日以降生まれの方】繰上げた月数×0.4％減額（最大24％）

（数字は％）

月 年齢	0カ月	1カ月	2カ月	3カ月	4カ月	5カ月	6カ月	7カ月	8カ月	9カ月	10カ月	11カ月
60歳	76	76.4	76.8	77.2	77.6	78	78.4	78.8	79.2	79.6	80	80.4
61歳	80.8	81.2	81.6	82	82.4	82.8	83.2	83.6	84	84.4	84.8	85.2
62歳	85.6	86	86.4	86.8	87.2	87.6	88	88.4	88.8	89.2	89.6	90
63歳	90.4	90.8	91.2	91.6	92	92.4	92.8	93.2	93.6	94	94.4	94.8
64歳	95.2	95.6	96	96.4	96.8	97.2	97.6	98	98.4	98.8	99.2	99.6
65歳	100	100	100	100	100	100	100	100	100	100	100	100

【昭和37年4月1日以前生まれの方】繰上げた月数×0.5％減額（最大30％）

（数字は％）

月 年齢	0カ月	1カ月	2カ月	3カ月	4カ月	5カ月	6カ月	7カ月	8カ月	9カ月	10カ月	11カ月
60歳	70	70.5	71	71.5	72	72.5	73	73.5	74	74.5	75	75.5
61歳	76	76.5	77	77.5	78	78.5	79	79.5	80	80.5	81	81.5
62歳	82	82.5	83	83.5	84	84.5	85	85.5	86	86.5	87	87.5
63歳	88	88.5	89	89.5	90	90.5	91	91.5	92	92.5	93	93.5
64歳	94	94.5	95	95.5	96	96.5	97	97.5	98	98.5	99	99.5
65歳	100	100	100	100	100	100	100	100	100	100	100	100

例. 老齢基礎年金を60万円もらえる人が、60歳ちょうど（昭和37年4月2日以降生まれの方）で請求した場合45.6万円、62歳11か月で請求した場合54万円となる。

●特別支給の老齢厚生年金を受給できない方

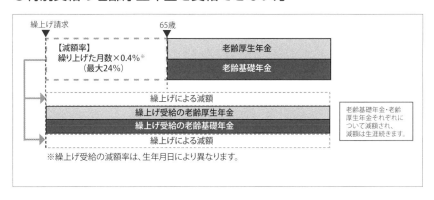

●特別支給の老齢厚生年金を受給できる方

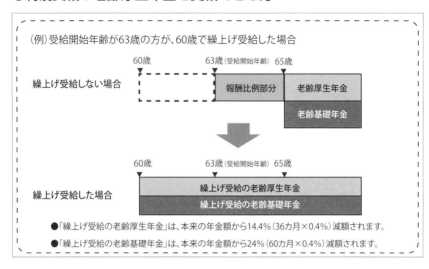

（例）受給開始年齢が63歳の方が、60歳で繰上げ受給した場合

	60歳	63歳（受給開始年齢） 65歳
繰上げ受給しない場合		報酬比例部分 / 老齢厚生年金 / 老齢基礎年金

	60歳	63歳（受給開始年齢） 65歳
繰上げ受給した場合		繰上げ受給の老齢厚生年金 / 繰上げ受給の老齢基礎年金

● 「繰上げ受給の老齢厚生年金」は、本来の年金額から14.4％（36カ月×0.4％）減額されます。
● 「繰上げ受給の老齢基礎年金」は、本来の年金額から24％（60カ月×0.4％）減額されます。

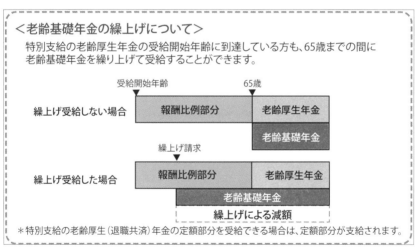

＜老齢基礎年金の繰上げについて＞

特別支給の老齢厚生年金の受給開始年齢に到達している方も、65歳までの間に老齢基礎年金を繰り上げて受給することができます。

	受給開始年齢	65歳
繰上げ受給しない場合	報酬比例部分	老齢厚生年金 / 老齢基礎年金

	繰上げ請求	
繰上げ受給した場合	報酬比例部分	老齢厚生年金 / 老齢基礎年金 / 繰上げによる減額

＊特別支給の老齢厚生（退職共済）年金の定額部分を受給できる場合は、定額部分が支給されます。

⑩ 1か月遅らせるごとに年金は0.7%ずつアップ

　繰上げ支給と逆に、老齢基礎年金と老齢厚生年金には、**繰下げ支給**という制度があります。これは、お金にゆとりがあったり、健康に自信がある人が、年金をもらい始めるのを65歳より後（最高で75歳、昭和27年4月1日以前生まれの方は70歳）に遅らせるという制度です。遅らせれば、遅らせるほど年金額は増加します。増加した年金額は一生涯続きます。

　特別支給の老齢厚生年金には繰下げという制度はありません。

⑪ 繰上げ、繰下げの損得　何歳が損益分岐点?

　次頁のように老齢基礎年金の繰上げ、繰下げのケースを試算してみました。原則である65歳受給開始の場合と比べています。アミかけのところの年齢の途中で有利・不利が逆転します。60歳から繰上げ受給している場合、79歳時点で1,208万円、原則（65歳）受給の場合、1,192万円です。つまり、79歳の間に損益分岐点がきます。70歳から繰下げ受給している場合、81歳で1,354万円、原則受給の場合、1,351万円です。81歳の間に損益分岐点がきます。以後、差額の33.3万円ずつ毎年得になってくるわけです。

⑫ 繰下げ待機期間中に在職している場合の増額率について

　繰下げ待機期間中の在職により支給停止される額については、増額の対象になりません。

65歳以降も引き続き被保険者であった方の場合

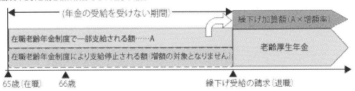

●老齢基礎年金、老齢厚生年金の繰下げ支給の支給率

＜繰下げ受給の受給率＞

繰下げた月数×0.7%増額（最大84%）

（数字は％）

月 年齢	0カ月	1カ月	2カ月	3カ月	4カ月	5カ月	6カ月	7カ月	8カ月	9カ月	10カ月	11カ月
65歳	100	100	100	100	100	100	100	100	100	100	100	100
66歳	108.4	109.1	109.8	110.5	111.2	111.9	112.6	113.3	114	114.7	115.4	116.1
67歳	116.8	117.5	118.2	118.9	119.6	120.3	121	121.7	122.4	123.1	123.8	124.5
68歳	125.2	125.9	126.6	127.3	128	128.7	129.4	130.1	130.8	131.5	132.2	132.9
69歳	133.6	134.3	135	135.7	136.4	137.1	137.8	138.5	139.2	139.9	140.6	141.3
70歳	142	142.7	143.4	144.1	144.8	145.5	146.2	146.9	147.6	148.3	149	149.7
71歳	150.4	151.1	151.8	152.5	153.2	153.9	154.6	155.3	156	156.7	157.4	158.1
72歳	158.8	159.5	160.2	160.9	161.6	162.3	163	163.7	164.4	165.1	165.8	166.5
73歳	167.2	167.9	168.6	169.3	170	170.7	171.4	172.1	172.8	173.5	174.2	174.9
74歳	175.6	176.3	177	177.7	178.4	179.1	179.8	180.5	181.2	181.9	182.6	183.3
75歳	184（以降同じです）											

●繰上げ・繰下げにおける、それぞれの年齢時点での老齢基礎年金の受取額累計

支給 開始	支給 率	年金額 （円）	75 歳	76 歳	77 歳	78 歳	79 歳	80 歳	81 歳	82 歳	83 歳	84 歳	85 歳	86 歳
60	0.76	604,200	966	1,027	1,087	1,147	1,208	1,268	1,329	1,389	1,450	1,510	1,570	1,631
61	0.808	642,360	963	1,027	1,092	1,156	1,220	1,284	1,348	1,413	1,477	1,541	1,605	1,670
62	0.856	680,520	952	1,020	1,088	1,156	1,224	1,292	1,361	1,429	1,497	1,565	1,633	1,701
63	0.904	718,680	934	1,006	1,078	1,149	1,221	1,293	1,365	1,437	1,509	1,581	1,652	1,724
64	0.952	756,840	908	983	1,059	1,135	1,210	1,286	1,362	1,437	1,513	1,589	1,665	1,740
65	1	795,000	874	954	1,033	1,113	1,192	1,272	1,351	1,431	1,510	1,590	1,669	1,749
66	1.084	861,780	861	947	1,034	1,120	1,206	1,292	1,378	1,465	1,551	1,637	1,723	1,809
67	1.168	928,560	835	928	1,021	1,114	1,207	1,299	1,392	1,485	1,578	1,671	1,764	1,857
68	1.252	995,340	796	895	995	1,094	1,194	1,293	1,393	1,493	1,592	1,692	1,791	1,891
69	1.336	1,062,120	743	849	955	1,062	1,168	1,274	1,380	1,486	1,593	1,699	1,805	1,911
70	1.42	1,128,900	677	790	903	1,016	1,128	1,241	1,354	1,467	1,580	1,693	1,806	1,919
71	1.504	1,195,680	597	717	836	956	1,076	1,195	1,315	1,434	1,554	1,673	1,793	1,913
72	1.588	1,262,460	504	631	757	883	1,009	1,136	1,262	1,388	1,514	1,641	1,767	1,893
73	1.672	1,329,240	398	531	664	797	930	1,063	1,196	1,329	1,462	1,595	1,728	1,860
74	1.756	1,396,020	279	418	558	698	837	977	1,116	1,256	1,396	1,535	1,675	1,814
75	1.84	1,462,800	146	292	438	585	731	877	1,023	1,170	1,316	1,462	1,609	1,755

*繰上げ支給は昭和37年4月2日以降生まれの方

⑬ 本来の年金をさかのぼって受け取る場合の増額制度

　昭和27年4月2日以降に生まれた方、または平成29年4月1日以降に受給権が発生した方で、令和5年4月1日以降に年金の請求を行う方が対象の制度です。

　繰下げ待機期間中は、老齢基礎年金・老齢厚生年金の繰下げ受給の請求を行うか、受給権発生日までさかのぼって年金を受け取るか、いつでも選択することができます。

　年金を受け取る権利が発生してから5年経過後に、繰下げ受給の請求を行わず、老齢基礎年金・老齢厚生年金をさかのぼって受け取ることを選択した場合は、請求の5年前に繰下げ受給の請求があったものとみなして増額された年金を一括で受け取ることができます。

　ただし、請求の5年前の日以前に、他の公的年金の受給権を得た場合には、下記〈繰下げ受給を請求する際の注意事項⑤〉と同様、その時点で増額率が固定されます。

⑭ 繰下げ受給を請求する際に注意することは ────

　① 加給年金額や振替加算額は増額の対象になりません。また、繰下げ待機期間（年金を受け取っていない期間）中は、加給年金額や振替加算を受け取ることができません。

　② 65歳に達した時点で老齢年金を受け取る権利がある場合、75歳に達した月（75歳の誕生日の前日の属する月）を過ぎて請求を行っても増額率は増えません。増額された年金は、75歳までさかのぼって決定され支払われます。

　※昭和27年4月1日以前に生まれた方は、70歳に達した月までとなります。

　③ 日本年金機構と共済組合等から複数の老齢厚生年金（退職共済年金）を受け取ることができる場合は、すべての老齢厚生年金について同時に繰下げ受給の請求をしなくてはいけません。

　④ 65歳の誕生日の前日から66歳の誕生日の前日までの間に、障害給付や遺族給付を受け取る権利があるときは、繰下げ受給の請求ができ

ません。ただし、「障害基礎年金」または「旧国民年金法による障害年金」のみ受け取る権利のある方は、老齢厚生年金の繰下げ受給の請求ができます。

　⑤　66歳に達した日以降の繰下げ待機期間中に、他の公的年金の受給権（配偶者が死亡して遺族年金が発生した場合など）を得た場合には、その時点で増額率が固定され、年金の請求の手続きを遅らせても増額率は増えません。このとき、増額された年金は、他の年金が発生した月の翌月分から受け取ることができます。

●さかのぼって年金を受け取る場合

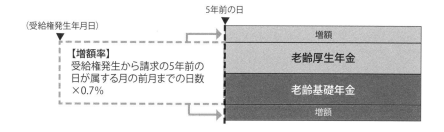

15 給与が下がっても雇用保険から給付金が

①高年齢雇用継続基本給付金

　60歳に達した日以後、雇用保険の被保険者期間であった期間が5年以上ある被保険者に対して、各月の賃金が60歳時点の水準（賃金月額）の75％未満に低下したときに支給されます。つまり、75％未満になった月（支給対象月）のみ支払われるということです。しかし、欠勤や遅刻などによって賃金が低下した場合には、出勤したとみなして割戻し計算をします。支給期間は、65歳に達する月までです。

②高年齢再就職給付金

　雇用保険の基本手当（第5章第6節参照）の支給を受けていた、60歳以上65歳未満の受給資格者が再就職した際、基本手当の支給残日数が100日以上ある場合に、再就職後の各月の賃金が基本手当の基準となった賃金日額を30倍した額の75％未満に低下したときに支給されます。また、直前の離職時に雇用保険の被保険者期間が5年以上あったことも必要です。支給期間は、支給残日数が100日以上のときは再就職時から1年間、200日以上のときは再就職時から2年間です。

　ただし、同一の就職について再就職手当の支給を受けた場合は、支給されません。

③いくらもらえるの

　賃金が60歳時点の水準の61％以下に低下したときには、支給対象月の賃金額の15％が支給されます。

　61％を超えて75％未満である場合は、次頁をご覧ください。

●早分かり高年齢雇用継続給付

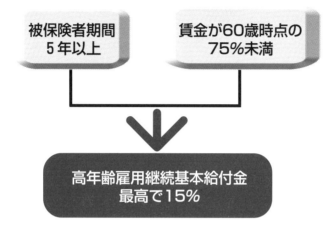

被保険者期間
5 年以上

賃金が60歳時点の
75%未満

高年齢雇用継続基本給付金
最高で15%

●高年齢雇用継続給付の支給額の計算方法

・賃金が60歳時点の水準の61%以下に低下したとき
　　支給額＝支給対象月の賃金額×15%
　　60歳到達時の賃金が40万円、支給対象月の賃金が20
　　万円の人は、20万円×15%＝3万円が支給されます。
・賃金が60歳時点の水準の61%超75%未満のとき
　①賃金率（X）＝賃金額÷賃金月額×100

$$②支給率（Y）＝\frac{-183X+137.25}{280}×\frac{100}{X}$$

$$③支給額＝実際に支払われた賃金額×Y×\frac{1}{100}$$

支給上限額は、賃金と給付額の合計が370,452円。
支給額として算定された額が、2,196円以下の時は支給され
ません。

16 失業保険65歳より前と後では大違い ─────

　雇用保険の被保険者が65歳に達した時点で、一般被保険者の人は**高年齢被保険者**に切り替わります。高年齢被保険者になると、技能習得手当や再就職手当など一部の給付はなくなります。また、失業給付も基本手当ではなくなり、高年齢求職者給付金となります。

　高年齢求職者給付金の額は、被保険者期間が1年未満の場合で一般被保険者の基本手当日額に相当する日額の30日、1年以上の場合で50日となっています。一般被保険者の場合、自己都合や定年退職の場合でも90日（被保険者期間10年未満の場合）から150日（被保険者期間20年以上の場合）となっていますので、かなりもらえる日数が減ってしまうことになります。

　65歳に達した日とは、誕生日の前日のことですから、一般被保険者のまま退職して基本手当をもらおうと思えば、誕生日の前々日に退職しておかなければなりません。つまり、65歳の誕生日の2日前に退職しておかないと、もらえる日数が大幅に減ってしまうことになります。

　高年齢求職者給付金は、一般被保険者のように4週間に1回ずつの失業の認定ではなく、1回の失業の認定で全額が支給されます。受給資格や待機、給付制限は、次頁で、詳しいことは第5章第6節で確認してください。
　また、高年齢求職者給付金には年金との支給調整はありません。

●基本手当と高年齢求職者給付金の比較表

	一般被保険者(自己都合退職)	高年齢継続被保険者
受給資格	1年間に12か月以上の被保険者期間	1年間に6か月以上の被保険者期間
受給期限	離職の日の翌日から1年以内	離職の日の翌日から1年以内
受給期限の延長	あり	なし
待機期間	7日	7日
給付制限	2〜3か月間	2〜3か月間
給付日数	90〜150日	30日or50日
失業の認定	4週間に1回ずつ	1回のみ
就職促進給付	あり	一部あり

第3節　引退後の健康保険、介護保険、お得な活用

① 健保の任意継続と国保、どっちが得

　全国健康保険協会管掌健康保険や組合管掌健康保険の被保険者であった人は、今までの保険を任意継続するか国民健康保険かを選択することとなります。任意継続については、第5章第6節その2でご確認ください。

　一般の人は、60歳で退職したときの前年の所得は高額であったと思われます。このため、国民健康保険より任意継続の方が保険料が低額となり、任意継続を選択することが多いようです。しかし、退職後の所得が年金のみという場合は、翌年度は国民健康保険の方が低額となることがよくあります。これは、国民健康保険の保険料は、前年の1月から12月までの所得によって決まる部分が多いからです。年度が変わったら市区町村で確認してみましょう。

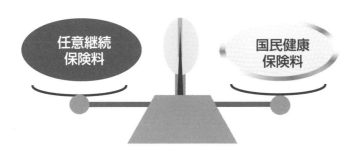

退職したとき、年度が変わったときは比較してみよう

●サラリーマンが60歳で退職すると健康・介護保険はこうなる

年齢	医療保険	介護保険
60歳	退職	第2号被保険者
	任意継続か国民健康保険	
62歳		
65歳	国民健康保険	
75歳		第1号被保険者
	後期高齢者医療制度	

医療は負担軽減

（イ）70歳以上75歳未満

　　70歳以上75歳未満の健康保険の被保険者・被扶養者の方は、高齢受給者となり、高齢受給者証が交付されます。医療を受けた時は、一部負担金を支払います。負担割合は2割（ただし、2014年3月31日までに70歳になった人は1割）ですが次のような現役並みの所得者は、3割負担です。

①全国健康保険協会管掌健康保険の高齢受給資格者である被保険者で標準報酬月額が28万円以上の人

②上記①の被保険者の被扶養者である高齢受給者

③国民健康保険の場合、加入者のうちひとりでも住民税課税所得が145万円以上の方がいる世帯の方

　　ただし、上記に該当する人であっても、①70歳以上75歳未満の被保険者・被扶養者の（国民健康保険の場合対象者全員の）合計収入額が520万円未満の場合、②70歳以上75歳未満の被扶養者がいない場合（国民健康保険は、対象者1人の場合）は収入額が383万円未満であれば、「基準収入額適用申請書」を提出すれば2割負担となります。また、被保険者が70歳未満であれば、標準報酬月額が28万円以上でも、高齢受給者である被扶養者は2割負担です。

　　入院時の食事の標準負担額については次頁の表で、療養病床への入院時の生活療養費については、250頁でご確認ください。

　　医療費が著しく高額になった場合には、自己負担限度額を超えた分が高額医療費として支給されます。詳細は次頁でご確認ください。また、医療保険と介護保険の給付を受けた場合、1年間（毎年8月から7月まで）に支払った自己負担額（所得区分ごとに設定されます）を合算して、基準額を超えた部分を支給します。詳細は、次頁の表でご確認ください。

●高齢受給者のひと目で分かる私の負担額（70歳以上）

	負担割合	所得区分	自己負担限度額		食事療養標準負担額（1食につき）
			外来（個人ごと）	上限額（世帯ごと）	
現役並所得者	3割	年収約1,160万円～ 健保：標報83万円以上／国保・課税所得690万円以上	252,600+（医療費-842,000）×1% 〈多数回該当：140,100〉		460円
		年収約770万円～約1,160万円 健保：標報53～79万円／国保・課税所得380万円以上	167,400+（医療費-558,00）×1% 〈多数回該当：93,000〉		
		年収約370万円～約770万円 健保：標報28～50万円／国保・課税所得145万円以上	80,100+（医療費-267,000）×1% 〈多数回該当：44,400〉		
一般	70～74歳2割（※3）75歳以上1割又は2割（※5）	～年収約370万円 健保：標報26万円以下（※1）／国保・課税所得145万円未満（※1）（※2）	18,000〔年14.4万円（※4）〕	57,600〈多数回該当：44,400〉	
低所得者		住民税非課税	8,000	24,600	過去1年の入院日数が90日以下　210円
		住民税非課税（所得が一定以下）		15,000	過去1年の入院日数が90日以上　160円 100円

＊医療があった月以前の12カ月間に同一世帯ですでに3カ月以上高額療養費が支給されている場合は、4カ月目からは軽減された一定額（多数該当の金額）になります。この月数算定に当たっては、70歳以上の外来の限度額の適用により支給を受けた月数は算入されません。

（※1）収入の合計額が520万円未満（1人世帯の場合は383万円未満）の場合も含む。

（※2）旧ただし書き所得の合計額が210万円以下の場合も含む。

（※3）平成26年4月1日までに70歳に達している者は1割。

（※4）1年間のうち一般区分または住民税非課税区分であった月の外来の自己負担の合計額について、14.4万円の上限を設ける。

（※5）課税所得が28万円以上かつ「年金収入＋その他の合計所得金額」が単身世帯で200万円以上、複数世帯で合計320万円以上の方。

●高額介護合算療養費

	70歳以上（注2）
年収約1160万円～ 標報83万円以上／課税所得690万円以上	212万円
年収770万～1160万円 標報53～79万円／課税所得380万円以上	141万円
年収370万～770万円 標報28～50万円／課税所得145万円以上	67万円
一般（年収156万～370万円） 健保／標報26万円以下 国保／課税所得145万円未満（注1）	56万円
市町村民税世帯非課税	31万円
市町村民税世帯非課税 （所得が一定以下）	19万円（注3）

（注1）収入の合計額が520万円未満（1人世帯の場合は383万円未満）の場合及び旧ただし書き所得の合計額が210万円以下の場合も含む。

（注2）対象世帯に70～74歳と70歳未満が混在する場合、まず70～74歳の自己負担合算額に限度額を適用した後、残る負担額と70歳未満の自己負担合算額を合わせた額に限度額を適用する。

（注3）介護サービス利用者が世帯内に複数いる場合は31万円。

（ロ）75歳になると後期高齢者医療制度に

　75歳（一定の障害がある方は65歳以上）になると、健康保険の被保険者も被扶養者も、健康保険を脱退し、後期高齢者医療制度の被保険者として、保険料を納めることになります。

　医療を受けた時は、一部負担金を支払います。負担割合は1割ですが、一定以上の所得がある方（前頁※5参照）は2割、現役並みの所得者（住民税課税所得が145万円以上等）は、3割負担です。入院時の食事の標準負担額と療養病床への入院時の生活療養費については、次頁の表でご確認ください。

　医療費が著しく高額になった場合には、自己負担限度額を超えた分が高額医療費として支給されます。自己負担限度額は前頁の高齢受給者の表と同じです。

　また、医療保険と介護保険の給付を受けた場合、1年間（毎年8月から7月まで）に支払った自己負担額（所得区分ごとに設定されます）を合算して、自己負担限度額を超えた部分を支給します。詳細は、次頁の表でご確認ください。

　令和4月10月1日より一定の所得以上ある方の窓口負担が1割から2割になりました。

　令和4年10月1日から令和7年9月30日までの間は外来医療の窓口負担割合の引き上げに伴う1か月の負担増加額を3,000円までに抑える措置がとられます（入院の医療費は対象外です）。同一の医療機関での受診については、上限額以上窓口で支払う必要はありません。複数の医療機関で受診された場合、1か月の負担増を3,000円までに抑えるための差額を後日高額療養費として払い戻しされます。払い戻しは登録している口座に後日振り込まれます。

●入院する方の生活療養標準負担額

入院医療の必要性の高い者以外の患者の場合

区　分			生活療養標準負担額
1	現役並み所得者 一般の被保険者	入院時生活療養（1）を算定する 保険医療機関に入院している方	食費：1 食につき 460 円
			居住費：1 日につき 370 円
		入院時生活療養（2）を算定する 保険医療機関に入院している方	食費：1 食につき 420 円
			居住費：1 日につき 370 円
2	【区分Ⅱ】		食費：1 食につき 210 円
			居住費：1 日につき 370 円
3	【区分Ⅰ】	老齢福祉年金受給者以外の方 （4 以外の方）	食費：1 食につき 130 円
			居住費：1 日につき 370 円
4		老齢福祉年金受給者	食費：1 食につき 100 円
			居住費：1 日につき 0 円

療養病床とは
　主として長期にわたり療養を必要とする方のための病床のことです。

入院時生活療養（1）を算定する保健医療機関とは
　厚生労働大臣が定める基準に適合しているものとして地方社会保険事務局に届出のある
　医療機関のことをいいます。

入院時生活療養（2）を算定する保健医療機関とは
　入院時生活療養（1）を算定する保健医療機関以外の保健医療機関をいいます。

入院医療の必要性の高い患者の場合

区　分			生活療養標準負担額
1	現役並み所得者・一般の被保険者		1 食につき 460 円
2	【区分Ⅱ】	過去 1 年分の入院日数が 90 日以下	1 食につき 210 円
		過去 1 年の入院日数が 90 日超 （長期入院該当）	1 食につき 160 円
3	【区分Ⅰ】		1 食につき 100 円

③ 介護保険

①40歳になったら全員加入

　介護保険は、40歳以上の全国民が加入することとなっており、入浴、排泄、食事など日常生活で常に介護が必要な人（**要介護者**。5段階の**要介護度**）及び家事や身支度などに支援が必要な人**（要支援者）**に給付が行われます。ただし、65歳未満の第2号被保険者については、初老期痴呆など老化に伴う病気等（特定疾病）で、要介護者、要支援者になった場合に限られます。

②どうしたらサービスが受けられるの

　市区町村に申請して、要介護者、要支援者であることの認定を受けなければなりません。

③介護保険のサービスは

　受けられるサービスは、次頁のとおりですが、要介護度により支給限度額が設定されており、その範囲内でサービスを受けることになります。また、在宅でサービスを受けるためには、介護サービス計画（ケアプラン）を作成しなければなりません。自分でも作成できますが、居宅介護支援事業者の介護支援専門員（ケアマネージャー）に希望などを伝え作成してもらうこともできます（費用は無料）。

④自己負担は1割

　サービス利用料の1割（所得によっては2～3割）が自己負担です。自己負担が高額になったときは、所得に応じて一部が払い戻されます。施設に入所している間の居住費用や食費、通所系サービス（デイサービスなど）の食費は原則自己負担となります。但し、低所得者の場合、負担上限額が決まっています。

●介護保険料の支払方法

区　分	年　齢	加入保険	支払方法
第2号 被保険者	40歳以上 65歳未満	国保	健康保険料 に上乗せ
		社保	
第1号 被保険者	65歳以上	国保	年金より 天引き
		社保	

●介護保険の給付までの流れ

被保険者が市区町村に申請して認定してもらう

要介護者（要介護度1〜5の5段階）
要支援者（1〜2の段階）

要介護度により設定されている支給限度額の
範囲で下記のサービスからケアプランを作成

計画に基づいて下記のサービスを受ける
・訪問介護（ホームヘルプ）・訪問入浴介護・訪問、通
所のリハビリテーション・医師などによる居宅療養管理
指導・通所介護（デイサービス）・短期入所（ショートス
テイ）・痴呆要介護者のグループホームでの介護・有料
老人ホームでの介護・福祉用具の貸与、購入費の補てん・
住宅改修費の補てん、食事指導などの介護予防サービス
など

第4節 同じ条件でもかなりの増税

高齢者のための税金制度

　住宅ローンの最終返済や、老後の資金として見逃せないのが退職金と年金です。将来はどうなるかは別にして、現行制度をきちんと理解しておくことがお得です。

 退職金税制の優遇は1/2にあり

　退職金は、会社の退職規定に基づき支給されます。その額については、個別の実績によって異なりますが、支給額から控除される計算は、すべて同じです。なお、退職金は、長年の勤労に対する報償的給与として一時に支払われるものですので、退職所得控除や1/2課税、他の所得と分離して課税されるなど、税負担が軽くなるように配慮されています。

（1）退職金の源泉徴収税額の計算方法：「退職所得等の受給に関する申告書」を勤務先に提出した場合

　　退職金の支払いを受ける際に「退職所得の受給に関する申告書」を勤務先に提出している方の場合は、勤務先が退職金の支払いの際に、所得税の源泉徴収額を差し引いて支給するため、原則として確定申告は必要ありません。

※（A）（B）（C）は次の速算表を参考にしてください。

第7章　得する老後の基礎知識

● 退職所得の源泉徴収税額速算表

課税退職所得金額（A）	所得税率(B)	控除額(C)
195万円以下	5%	0円
195万円超～330万円以下	10%	97,500円
330万円超～695万円以下	20%	427,500円
695万円超～900万円以下	23%	636,000円
900万円超～1,800万円以下	33%	1,536,000円
1,800万円超～4,000万円以下	40%	2,796,000円
4,000万円超	45%	4,796,000円

● 退職所得控除額の計算方法

退職所得控除額は、次のように計算します。

勤続年数（＝A）	退職所得控除額
20年以下	A×40万円 （80万円以下の場合には、80万円）
20年超	（A－20年)×70万円＋800万円

（注）障害者になったことが直接の原因で退職した場合の退職所得控除額は、上記の方法により計算した額に、100万円を加えた金額となります。

（例1）　勤続年数が11年4か月の人の場合
①勤続年数は、12年になります。（端数の4か月は1年に切上げ）
②（勤続年数）×40万円＝12年×40万円＝480万円
この場合の退職所得控除額は、480万円になります。

（例2）勤続年数が35年の人の場合
①勤続年数は、35年になります。
②（勤続年数－20年）×70万円＋800万円＝15年×70万円＋
　　800万円＝1,850万円

この場合の退職所得控除額は、1,850万円になります。

　ただし、これまでに退職金をもらったことがあるとき、または2カ所以上から退職金をもらうときなどは、控除額の計算が違ってくることがあります。

(2)「退職所得等の受給に関する申告書」を勤務先に提出していない場合

　この場合は、退職金の20.42％（復興特別所得税を含む）が源泉徴収され支給されますが、<u>本人が確定申告を行うことにより所得税額及び復興特別所得税額の精算</u>をすることができます。

(3) 退職所得課税の改正（2022年分以後について適用）

　2021年度税制改正では、法人役員等以外についても勤続年数5年以下の短期の退職金について1/2課税の平準化措置の適用から除外されることになりました。ただし、雇用の流動化等への一定の配慮をする観点から、退職金から退職所得控除額を除いた支払額300万円までは、引き続き1/2課税が適用されます。

＜改正前＞

勤続年数	従業員	役員等
5年以下	1/2課税適用あり	1/2課税適用なし
5年超		1/2課税適用あり

＜改正後＞

勤続年数	従業員 退職金－退職所得控除 ＝300万以下の部分	従業員 退職金－退職所得控除 ＝300万超の部分	役員等
			－
5年以下	1/2課税適用あり	1/2課税適用なし	1/2課税適用なし
5年超		1/2課税適用あり	1/2課税適用あり

公的年金に係る税金

公的年金などは、年金の収入金額から公的年金など控除額を差し引いた金額が雑所得として課税されます。

この雑所得となる公的年金などの主なものは、次のものです。

①国民年金法、独立行政法人農業者年金基金法、厚生年金保険法、公務員等の共済組合法などの規定による年金

②一時恩給以外の恩給

③過去の勤務により会社などから支払われる年金

④適格退職年金契約による年金など

●公的年金などにかかる雑所得の計算方法

公的年金等にかかる雑所得の金額は、原則として「収入金額−公的年金控除額」となります。

公的年金等控除額は、受給者の年齢、公的年金の雑所得以外の合計所得金額により異なってきます。実際には、次頁の「公的年金等に係る雑所得の速算表」の各数値を、下記の計算式に当てはめて計算します。

「公的年金等に係る雑所得の金額 =(a) × (b)-(c)」

なお、公的年金等以外の所得なし・扶養控除なしの場合、以下の収入金額まで所得税はかかりません。

65 歳未満の方⇒その年の公的年金等の収入金額 108 万円まで

65 歳以上の方⇒その年の公的年金等の収入金額 158 万円まで

※例えば、65 歳未満の方ですと、「公的年金控除額 600,000 円＋基礎控除 480,000」となるので、年金等収入額 108 万円までは所得税がかからないこととなります。ただし住民税が発生します。

●公的年金等に係る雑所得の速算表（2020年分以後）

公的年金等に係る雑所得の速算表(2020年分以後)

公的年金等に係る雑所得以外の所得に係る合計所得金額が1,000万円以下			
年金を受け取る人の年齢	(a)公的年金等の収入金額の合計額	(b)割合	(c)控除額
65歳未満	(公的年金等の収入金額の合計額が600,000円までの場合は所得金額はゼロとなります。)		
	600,001円から1,299,999円まで	100%	600,000円
	1,300,000円から4,099,999円まで	75%	275,000円
	4,100,000円から7,699,999円まで	85%	685,000円
	7,700,000円から9,999,999円まで	95%	1,455,000円
	10,000,000円以上	100%	1,955,000円
65歳以上	(公的年金等の収入金額の合計額が1,100,000円までの場合は、所得金額はゼロとなります。)		
	1,100,001円から3,299,999円まで	100%	1,100,000円
	3,300,000円から4,099,999円まで	75%	275,000円
	4,100,000円から7,699,999円まで	85%	685,000円
	7,700,000円から9,999,999円まで	95%	1,455,000円
	10,000,000円以上	100%	1,955,000円

公的年金等に係る雑所得以外の所得に係る合計所得金額が1,000万円超2,000万円以下			
年金を受け取る人の年齢	(a)公的年金等の収入金額の合計額	(b)割合	(c)控除額
65歳未満	(公的年金等の収入金額の合計額が500,000円までの場合は所得金額はゼロとなります。)		
	500,001円から1,299,999円まで	100%	500,000円
	1,300,000円から4,099,999円まで	75%	175,000円
	4,100,000円から7,699,999円まで	85%	585,000円
	7,700,000円から9,999,999円まで	95%	1,355,000円
	10,000,000円以上	100%	1,855,000円
65歳以上	(公的年金等の収入金額の合計額が1,000,000円までの場合は、所得金額はゼロとなります。)		
	1,000,001円から3,299,999円まで	100%	1,000,000円
	3,300,000円から4,099,999円まで	75%	175,000円
	4,100,000円から7,699,999円まで	85%	585,000円
	7,700,000円から9,999,999円まで	95%	1,355,000円
	10,000,000円以上	100%	1,855,000円

公的年金等に係る雑所得以外の所得に係る合計所得金額が2,000万円超			
年金を受け取る人の年齢	(a)公的年金等の収入金額の合計額	(b)割合	(c)控除額
65歳未満	(公的年金等の収入金額の合計額が400,000円までの場合は所得金額はゼロとなります。)		
	400,001円から1,299,999円まで	100%	400,000円
	1,300,000円から4,099,999円まで	75%	75,000円
	4,100,000円から7,699,999円まで	85%	485,000円
	7,700,000円から9,999,999円まで	95%	1,255,000円
	10,000,000円以上	100%	1,755,000円
65歳以上	(公的年金等の収入金額の合計額が900,000円までの場合は、所得金額はゼロとなります。)		
	900,001円から3,299,999円まで	100%	900,000円
	3,300,000円から4,099,999円まで	75%	75,000円
	4,100,000円から7,699,999円まで	85%	485,000円
	7,700,000円から9,999,999円まで	95%	1,255,000円
	10,000,000円以上	100%	1,755,000円

③ 公的年金などから差し引かれる5%の源泉徴収

　一定の金額（65歳未満でその年の公的年金等の収入金額が108万円以上（65歳以上は158万円以上））を超える公的年金等を受け取る場合は、収入金額から一定の控除額を差し引いた額に5.105%を掛けた税額が源泉徴収されます。公的年金などの所得は年末調整の対象となっていません。源泉徴収されている金額が総合課税の税額計算をして過不足が生じた場合には、確定申告が必要です。

●公的年金の他に所得がある場合
　退職後に、年金を受給しながら、パート等の給与収入を得て生活している方も多いのではないでしょうか。年金以外に収入がある場合には、原則確定申告が必要になります。しかし、確定申告書を作成するのは大きな負担といえます。そこで、このような負担を減らすために**「確定申告不要制度」**があります。以下、要件①および②に該当する場合は、確定申告の必要はありません。

要件①：公的年金等の収入金額の合計金額が**400万円以下**、かつ、公的年金等のすべてが源泉徴収の対象になっている。

要件②：公的年金等以外の所得金額（給与所得や不動産所得など）の合計金額が**20万円以下**である。

※確定申告をした方が良いケース（公的年金等から源泉徴収されている方）
　　・マイホームを住宅ローンなどで取得した場合
　　・一定額以上の医療費を支払った場合
　　・災害や盗難にあった場合
※**住民税について**
　「確定申告不要制度」を適用した場合でも、住民税の申告が必要となる場合があります。

老齢厚生年金

　A子さんは、昭和34年4月10日生まれの60歳。この度、知人に手伝ってくれと頼まれて58歳から勤めていた会社を退職。退職後、いま何かと話題の年金について自分がいつからもらえるのかを調べてもらおうと年金事務所に行きました。

　そこで、相談員の方に「A子さん、61歳から年金をもらうことができますよ」と言われました。

　A子さんは、まさか65歳になる前に年金をもらえるとは思ってもいず、嬉しさのあまり小躍りしてしまいました。

　ここで、A子さんの年金加入記録を見てみましょう。

①厚生年金被保険者期間……6か月

A子さんは、大学卒業後半年間厚生年金の事業所に勤め、厚生年金の被保険者でした。

②合算対象期間（昭和56年10月から昭和61年3月まで）……54か月

結婚退職し、58歳になるまでずっと専業主婦で厚生年金被保険者のご主人の被扶養配偶者になっていました。昭和61年3月までの国民年金の任意加入期間は、国民年金保険料を支払っていませんでした。

③第3号被保険者期間（昭和61年4月から平成29年3月まで）……372か月

昭和61年4月からは国民年金第3号被保険者でした。

④厚生年金の被保険者期間……24か月

58歳から60歳までは、厚生年金の事業所で厚生年金の被保険者として働いていました。

　A子さんがもらうことができるのは、特別支給の老齢厚生年金です。この年金をもらうためには、下記の要件のいずれも満たす必要があります。

・老齢基礎年金の受給資格期間を満たしている
・1年以上厚生年金の被保険者期間がある

　このうち、老齢基礎年金の受給資格期間は①＋②＋③＋④で456か月ですから、10年以上という受給資格期間を満たしています。また、①＋④で30か月ですから1年以上の厚生年金の被保険者期間があるという要件も満たしています。したがってA子さんは、61歳から特別支給の老齢厚生年金の支給を受けることができます。

　A子さんは、65歳になるまで報酬比例部分をもらえるのですが、支給額の計算の対象となるのは、①と④の部分のみです。

　65歳になると、老齢厚生年金と老齢基礎年金をもらえるようになるのですが、老齢基礎年金の支給額の対象となるのは、①と③と④です。②の合算対象期間は、受給資格期間の対象にはなりますが、老齢基礎年金の保険料納付済期間にはなりませんので、その期間は年金額には反映されません。

　A子さんは、58歳で再就職していなかったら、61歳から65歳になるまでの間年金をもらえなかったわけです。知人に大変感謝をしたA子さんでした。

人生の終焉を迎えるときの
基礎知識

年金をもらっている人が亡くなったら

▶ 遺族のための年金制度は、第5章第3節をご覧ください。

① 経過的寡婦加算は19,865円〜

　遺族厚生年金を受給されている人が65歳になると、自分自身の老齢基礎年金が支給されることになりますので、**中高齢の加算**（596,300円）は打ち切られてしまいます。このとき、昭和31年4月1日以前生まれの妻には経過的寡婦加算が行われます。その金額は、生年月日で違い、19,865円（昭和30年4月2日〜昭和31年4月1日生まれ）〜594,500円（昭和2年4月1日以前生まれ）となっています。

② 遺族年金と自分の年金両方もらえるの

　遺族厚生年金と自分自身の**老齢厚生年金**の両方の受給権がある場合、65歳になるまでは、どちらか一方の年金を選択します。金額の多い方を選択すればよいわけです。
　65歳になり老齢基礎年金がもらえるようになると、老齢厚生年金は全額支給となり、遺族厚生年金は老齢厚生年金に相当する額の支給が停止となります。

③ 老齢年金をもらっている人が亡くなったら

　老齢厚生年金を受けている人が亡くなられたときは、亡くなられた人に生活を支えられていた遺族に遺族厚生年金が支給されます。受給できる遺族の範囲と要件は、130頁でご確認ください。また、自分自身の老齢厚生年金を受給している人は、（2）同様です。

●経過的寡婦加算の簡易図

65歳

遺族厚生年金	遺族厚生年金
中高齢の加算	(経過的寡婦加算) 老齢基礎年金

●遺族年金と自分の年金の選択方法

◆65歳になるまで

遺族 厚生年金	または	老齢 厚生年金

◆65歳以降

遺族厚生年金

	支給	}
老齢厚生年金	支給停止 (老齢厚生年金 に相当する額)	受け取れる 年金
老齢基礎年金	老齢基礎年金	

① 寄付を行って非課税 ————————————

　最近の傾向ですが、財産を財団法人に寄付して、社会貢献をする人が増えているようです。

　このような行動に出る人は2種類のカテゴリーに大別できそうです。

（イ）相続ではなく、争族になりそうな気配があり、財産を残すと、その後に兄弟争いが起きないかなどを気になさっている人

（ロ）ビジネスの世界で成功を収めて、最後に社会に恩返しをしたいと考えている人

　一定の団体に寄付を行うことにより、譲渡所得税が非課税となり、その部分に相当する財産は相続税の場合も非課税になります。これらの課税上の取り扱いのポイントは、寄付の相手先、そしてその寄付の時期です。生前寄付の場合と相続開始後の寄付の場合に分けられます。

　生前に個人が一般法人に寄付を行った場合は、みなし譲渡財産として譲渡所得税の申告が必要になります。これが、財団法人などの公益法人に対してですと、その寄付は譲渡課税の例外になります。相続開始後についても、同様の取り扱いになりますが、寄付行為については、要件が厳格のため、次表でご確認ください。

　ただし、寄付を行う行為が不当に相続税を減少させようとした場合には、認められないケースもありますので、その点については、十分注意が必要です。

●寄付の要件（主なもの）

相続後の寄付	1.支出した金銭は相続や遺贈でのものであること
	2.相続税の申告書の提出期限までに支出すること
	3.公益信託が教育や科学の振興などに貢献することが認められる一定のもの
	4.寄付をした人の所得税・親族などの相続税または贈与税の負担が結果的に不当に減少しないこと
相続前の寄付	1.国・地方公共団体や財団法人、社団法人などの公益を目的とする事業を行っている法人に財産を寄付した場合
	2.財産を寄付したことが教育または科学の振興、文化の向上、社会福祉への貢献など公益の増進に著しく寄与
	3.寄付した財産が寄付の日から2年以内にその法人の公益を目的とする事業に使われていること
	4.上記4と同じ

② 遺留分について

　遺留分とは、遺言または多額の生前贈与があった場合などにおいて、一定割合分の財産を取得できなかった相続人のために確保された、相続財産取得の権利をいいます。遺言者は、原則として遺言によってその相続財産を自由に処分することが認められていますが、その遺言の内容によっては、残された相続人の今後の生活に大きく影響が生じることもありましょう。そこで民法は、遺留分を定め、その範囲で遺言の自由を制限しているわけです。

　遺留分を侵害された相続人は、その侵害された限度で、その効力を失わせることができます。これを遺留分の減殺請求（げんさいせいきゅう）といいます。遺留分の減殺請求は、口頭でも可能ですが、証拠が残らないので、通常は内容証明郵便にて、遺言または生前贈与によって、多く財産を取得した者に対して送付することで足ります。ただし、この減殺請求権は、相続開始及び贈与・遺贈があったことと、それが遺留分を侵害し、減殺請求しうることを知ってから1年以内に行使しなければ

時効で消滅してしまいます（ただし、相続財産のすべてを把握できない場合には、この限りではありません）。

遺留分の割合は以下のとおりです。

遺留分の割合

1　兄弟姉妹のみが相続人である場合には、遺留分はゼロ
2　直系尊属（父・母・祖父・祖母など）のみが相続人である場合には、法定相続分の3分の1
3　その他の場合は、法定相続分の2分の1
※遺贈（いぞう）とは、遺言（いごん）により、相続人以外の人や団体に財産を残すことをいいます。

 ③ 遺言は3種類

　相続時にいちばんもめる可能性が高いのが、遺産の分割です。家族構成や財産内容によって、問題となるいろいろなケースが考えられますので、もめる可能性が高い場合には、億劫がらずに遺言の作成をお勧めします。

　また、子供がいらっしゃらない家族も増えてきていますが、その場合こそ、遺言をきちんと作成し、夫婦で築いた財産を守ることができるのです。実際のケースでは、子供がいない場合、兄弟が相続人に加わるため、奥（旦那）様との間のトラブルが結構あります。

　相続財産をもらえる立場にある人は、もらえるものはもらいたいのが心情です。遺言書がないと、万が一ご主人が他界された場合には、ご夫妻で築いた財産は、相続人となる兄弟からも、法定相続分による遺産の請求が予想されます。しかし、遺言の作成があり、遺言に「すべての財産を妻に」と記載されていれば、兄弟姉妹に遺留分はなく、何も請求することができません。その意味からも、遺言の重要性がお分かり頂けるでしょう。また、遺言書は何回作り直してもかまわないのです。毎年、財産の額も変わりますし、納税資金の確保や、1年間のうちで、推定相続人（将来相続人になると予想される人）に対する考え方も変わってくるものですので、年に1回、書き換える人さえいます。なお、過去の遺言書と内容が重なる場合には、その重なる部分については日付の新しい方が、有効になります。

●遺言の種類

遺言の種類	どこで	誰が	費用	保管場所	家庭裁判所
公正証書	公証役場で作成	自分と2人の証人	費用は多少かかる	公証人役場	検認の必要なし
自筆証書	自分で作成	自分	かからない	当事者	検認が必要
秘密証書	自分で作成後、公証役場	自分	費用は多少かかる	当事者	検認が必要

＊検認とは、遺言状の形式、様式などを調査・確認して、その偽造・変造を防止し、保存を確実にする目的でなされるものである（証拠保全手続）。

遺言には下記の3種類のものがあります。

①公正証書

公証役場にて2人以上の証人の立会いが必要である。費用は多少かかるが、作成された遺言書は正式なものであり、原本を保管してもらえるので紛失の心配はない。

②自筆証書

自分で筆記して作成する遺言書。ポイントは、全文、作成日を自筆で記入し、署名押印をする。費用はかからないが、記載内容に法律要件を欠いていると結果的に法的効力を生じないケースもある。また、自己保存のため、紛失の危険性がある。

③秘密遺言証書

遺言書を自分で作成し、封印したうえで公証役場に持参する。公証人は2人以上の証人とともに申述をしたうえで、その封筒に署名押印をする。自筆証書と異なり、代筆、ワープロも可。ただし、封筒に代筆者名などその旨を記載することが必要である。遺言の内容を秘密にできるが多少費用がかかる。自筆証書と同様、記載内容の法律要件に注意する必要があり、また、自己保存のため、紛失の危険性がある。

4 単純承認と限定承認と相続放棄の違い

　「債務（借金）が多くあるので私は相続を放棄する」、という話をよく聞きますが、正確な知識を知っておいていただきたいと思います。

　相続財産が多い一般的な相続は、単純承認といいます。逆に財産が多くある反面、債務も多額にある場合は、財産の範囲内で引き継ぐことができます。その場合は家庭裁判所にて所定の手続きが必要です。財産の範囲内で債務を引き継ぐことを、限定承認といいます。

　相続の放棄とは、一見、限定承認に似ていますが、そもそも、まったく異なるものです。相続人ごとに行うものであり、放棄をすることにより、はじめから相続人ではなくなります。

	方　法	効　果
単純承認	特になし	被相続人の財産・債務の全部を引き継ぐ
限定承認	相続人全員で家庭裁判所へ申述	被相続人の財産の範囲内で債務も引き継ぐ
放棄	相続人ごとに家庭裁判所へ申述	被相続人の相続人ではなくなる

①単純承認

　被相続人の財産、債務の全部を引き継ぎます。

②限定承認

　相続人全員で、家庭裁判所へ申述を行い、被相続人の財産の範囲で、債務を引き継ぐものです。この方法を選択すると、債務超過額は切り捨てになります。

③相続放棄

相続人ごとに家庭裁判所へ申述します。相続開始の日から３か月以内に行います。これにより最初から被相続人の相続人でなかったことになります。この場合、相続人が減ることによって、相続人のパターンが変更になり、新たに相続人になる人が生じることがありますので、ご注意ください。

 ## ⑤ 相続税申告は10か月以内

相続税の申告は、相続が発生した日から10か月以内に行わなくてはなりません。遺産分割協議がそれまでに整っていない場合であっても、納付すべき相続税額が計算される場合には、各相続人が、法定相続分で遺産を取得したものとして、申告する必要があります。

10か月以内に遺産分割協議が整った場合や、遺言書があった場合には、次のような特例が受けられます。

①配偶者が相続財産の２分の１まで、または相続財産のうち１億６千万円までを相続した場合に、配偶者の相続税額が軽減される「配偶者の税額軽減」
②被相続人の自宅などを配偶者または一定の相続人が相続した場合に、土地評価額の一部が減額できる「小規模宅地の評価減」

また、遺産分割協議書や遺言書があれば、被相続人の預貯金の名義変更を行うことができるので、納税資金の準備にも都合がよいのです。

一方、取得した財産は不動産が多く、現預金がないため、一括で現金納付ができない場合には、延納という制度もあります。このように制度を利用して手続きを行っている場合はよいのですが、申告義務があるにもかかわらず申告をしなかった人には、無申告加算税や延滞金などの罰金が請求されます。相続は、金額が大きいので、安易な気持ちで過ごすわけにはいきません。10か月あるからとのんびりしていると、後であわてることになります。案外この10か月は、すぐに経過するものです。

●相続開始の日から10か月の主なポイント（一般的な事例）

1、死亡時：市町村に死亡届けを提出、

2、3か月：遺産のリストアップと相続人の確認、限定承認・相続の放棄をする場合は家庭裁判所へ（この時点で、揉める予感がすることが多い）
▼
3、4か月：遺産分割協議を開始（この時点では、揉めそうな場合には、争族の予感）準確定申告書提出
▼
4、5か月以降：遺産分割協議書の作成（最大のヤマ場）提出期限に向けて相続税の計算と申告書の作成

5、10か月以内：相続税の申告書提出と納税、財産の名義変更

 ⑥ 正味財産とは

　相続税の計算のときにかかる財産のことを指します。正味財産は、（財産−債務）で求められます。

財産とは

①現預金
②土地・建物
③上場株式・出資などの有価証券
④同族会社の株式
⑤その他死亡による退職金・解約保険料・生命保険金など

債務とは

①借入金
②未払税金・未払医療費など
③葬儀費用

相続税法では、葬儀費用は正味財産を計算する上で、債務と共に財産から差し引きます。ただし、あまりにも分不相応で、高額な金額になっている場合には認められない可能性があります。逆を言えば、一般常識的なものであれば、認められると考えていただいて結構です。

　なお、次のものは債務に該当しませんので、ご注意ください。

①香典返し ②墓地・墓石などの祭祀財産の購入費用 ③法要費用

⑦ 相続税の計算フロー

●計算例

取得財産	－	債務、葬式費用	＝	課税価格

課税価格	－	基礎控除	＝	課税遺産総額

課税遺産総額	×	法定相続人の法定相続分	＝	法定相続分に応ずる各取得金額

（法定相続人ごとに計算）

法定相続分に応ずる各取得金額	×	税率	－	控除額	＝	法定相続人ごとの税額

（各相続人が、法定相続分で分割したものと仮定して、相続税率を適用）

法定相続人ごとの税額の合計額	×	各人の課税価格	／	課税価格の合計額

＝ 各相続人の相続税額

（相続人ごとに、実際に取得した財産が全体の何％かに応じて、相続税額を割振る）

※基礎控除は、30,000千円＋6,000千円×法定相続人の数

⑧ 変わり行く相続税

　中小企業庁は、平成20年2月5日に「中小企業における経営の承継の円滑化に関する法律案」を提出し、その後、国会審議を経て可決成立したのが、中小企業経営承継円滑化法です。

　中小企業経営承継円滑化法は概ね、次の3つが柱となっています。

①民法の遺留分に関わる特例

②非上場株式に対する相続税の納税猶予制度（あくまでも、納税猶予であり納税が免除されるわけではない。ただし、一定の条件をクリアすると免除にも進展する可能性はある）。

③金融支援策

中小企業経営承継円滑化法のポイント

（1）民法の遺留分に関する特例

　遺留分については、項目（2）にその基本形が書いてありますが、その特例を認めるものです。その特例が認められた場合には、この特例により下記の2つのことができることとなります。

①生前贈与株式を遺留分算定基礎財産から除外できる制度

　事業承継を円滑に行うため、推定相続人の全員の合意を書面にすることで、適用が可能

②生前贈与株式の評価額をあらかじめ固定できる制度

　贈与後の後継者の努力によって上昇する可能性のある株価を、推定相続人の全員の合意を書面にすることで、贈与時の株価によって遺留分の算定時の評価とすることが可能。

（2）非上場株式に対する相続税の納税猶予制度

　事業承継相続人が、非上場会社を経営していた被相続人から相続により、その株式を取得し、その経営を承継する場合には、その事業継承相続人の納付すべき相続税のうち、相続等により取得した議決権株式等（事業継承人が相続開始前から保有している発行済決議権株式を含めて、3分の2に達するまでの部分）に係る課税価格の80％に対応する相続

税の納税が猶予される制度です。

被相続人・事業継承相続人の要件は次のとおりです。

被相続人

①特例中小企業者の代表者であったこと

②同族関係者でその法人の過半数の株式を保有

③同族関係者の中で筆頭株主であったこと

事業継承相続人（後継者）

①特例中小企業の代表者であること

②同族関係者でその法人の過半数の株式を保有

③同族関係者の中で筆頭株主であること

上記記載の通り、この制度で納税を猶予してもらうには、次のステップを踏む必要があります。

事業継承相続人が、納税猶予制度を受けたとしても、一定の場合には、納税猶予が打ち切りになり、納税をしなければならないことがあります。

・5年間の事業継続を条件

・代表者であること

・雇用の8割以上を維持すること（5年間平均で評価）

・相続した対象株式の継続保有

5年目以降、相続した自社株式等を譲渡等しないことを条件に、今後引き継いだ者が死亡時まで保有している等の場合には、免除規定もありますが、もしその途中で譲渡等した場合には、下記の税金を直ちに納付しなければなりません。

・納税猶予されていた相続税

・利子税（税率0.9%、承継5年超で5年間の利子税免除）

・株式の譲渡に伴う所得税・住民税

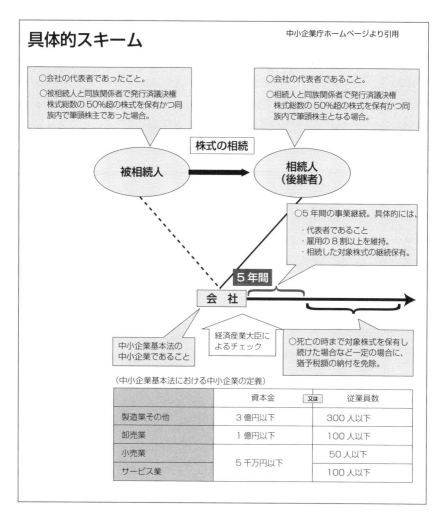

具体的スキーム

中小企業庁ホームページより引用

○会社の代表者であったこと。
○被相続人と同族関係者で発行済議決権株式総数の50%超の株式を保有かつ同族内で筆頭株主であった場合。

○会社の代表者であること。
○相続人と同族関係者で発行済議決権株式総数の50%超の株式を保有かつ同族内で筆頭株主となる場合。

株式の相続

被相続人 → 相続人（後継者）

○5年間の事業継続。具体的には、
・代表者であること
・雇用の8割以上を維持。
・相続した対象株式の継続保有。

5年間

会　社

中小企業基本法の中小企業であること

経済産業大臣によるチェック

○死亡の時まで対象株式を保有し続けた場合など一定の場合に、猶予税額の納付を免除。

（中小企業基本法における中小企業の定義）

	資本金	又は	従業員数
製造業その他	3億円以下		300人以下
卸売業	1億円以下		100人以下
小売業	5千万円以下		50人以下
サービス業			100人以下

⑨ 非上場株式に対する特例事業承継税制の創設

　平成30年1月1日から令和9年12月31日までの贈与・相続につき、事業承継税制の大幅な緩和措置を設けることになりました。ただし、平成30年4月1日から令和5年3月31日までの間に「特例認定承継会社」として特例承認計画を都道府県に提出・認定を受ける必要があります。

①納税猶予対象株式数「3分の2の株式まで」を「すべての株式」に変更

②贈与・相続後の雇用要件「5年平均で雇用の8割を維持すべし」を「雇用が維持できなくなっても理由の報告があれば納税猶予継続」に変更

③納税猶予の対象者を「1人（先代）→1人（後継者）」から「2人→1人」や「1人→3人」に拡大

　特例を受けられる後継者は、代表権を有し、同族関係者と合わせて総議決権の過半数を有していることが必要です。また、この承継者が複数人いる場合には、各人が当該総議決権の10％以上を有することとなる者に限ります。

④承継後の法人の経営環境変化に対応

　特例承継期間経過後に、当該法人の株式が譲渡されたり、合併によって消滅、解散等があった場合には、その時点での株式評価額を基礎に納税額を再計算し、当初特例を受けた際の納税額との差額を減免することにしました。

⑤相続時精算課税制度と併用した場合の対象者の拡大

　事業承継税制と共に相続時精算課税制度を受ける場合、現行では子・孫のみに限定されている受贈者の範囲を、「60歳以上の贈与者から20歳以上の後継者」と拡大します。

⑩ 個人事業者の事業継承税制の創設

　青色申告に係る事業（不動産貸付業等を除く）を行っていた事業者の後継者が、平成31年1月1日から令和10年12月31日までの贈与・相続等により、特定の事業用資産を取得した場合には、一定の要件を満たすことにより、その特定事業用資産に係る贈与税・相続税の全額の納税が猶予され、後継者の死亡等の事由が生じた場合には、猶予されていた贈与税・相続税の納税が免除されることになりました。

第8章　人生の終焉を迎えるときの基礎知識

⑪ 相続関係民法の改正（一部抜粋）

　平成３０年７月１３日に相続関係の改正民法が公布されました。昭和５５年以来約４０年ぶりの改正で、今後の相続対策にも影響を与えることになりそうです。ただし、施行日前の扱いは、旧法となりますので注意が必要です。

①自筆証書遺言の見直し（平成31年1月13日から施行）

　自筆証書遺言は財産目録を含めた全文を手書きする必要がありました。財産の多い方にとってこれが、負担となっていましたが、財産目録の部分をパソコンで作成できる他、通帳のコピー・不動産の登記事項証明書を目録として添付できることになりました。ただし財産目録の各ページに署名押印が必要です。

②法務局における遺言書の保管制度（令和2年7月10日から施行）

　自筆証書遺言の保管については、自宅・貸金庫等、各自の任意となっており、場合によっては紛失することもありました。

　これが改正により、遺言者は無封の自筆証書遺言につき、法務局に保管申請することができることになりました。遺言者は、遺言書の返還・閲覧請求が可能です。遺言者の相続人・受遺者・遺言執行者は、遺言書の保管されている法務局名等の証明書発行、遺言書閲覧、画像情報等の証明書発行の請求が可能となります。

　なお、この制度を利用した場合、遺言書の検認手続きは不要です。

③夫婦間の自宅の贈与等を保護する制度（令和元年7月1日から施行）

　従来、配偶者に贈与等した財産は、原則遺産の先渡しを受けたものとされるので、争いが生じ法定相続分で遺産分割する場合、配偶者が最終的に相続する財産の価額は、結果的に贈与等がなかった場合と同じになっていました。これを、婚姻期間が２０年以上の夫婦が一方に居住用不動産を遺贈又は贈与した場合、原則遺産の先渡し（特別受益）を受けたものとして扱わなくてよいことにします。これにより配偶者はより多くの財産を取得できることになります。

④配偶者の居住権を保護する制度（令和２年４月１日から施行）

　配偶者の老後の生活拠点の確保のため、配偶者が居住していた家屋が他の相続人所有となり、配偶者の生活が不安定になる恐れがあります。また、配偶者が自宅を取得した場合、自宅の評価が高いと他の財産の取得額が少なくなることもあります。そこで、配偶者が自宅に居住し続けることができる法定権利の「配偶者居住権」（注）を創設しました。これにより配偶者が遺産分割等で「配偶者居住権」を取得し、子が負担付で自宅の所有権を取得すれば、配偶者は自宅に居住を続けながら、自宅全体を取得するよりも、他の財産をより多く取得できることになりました。

　「配偶者居住権」は遺産分割・遺言の対象として考慮され、第三者対抗要件として建物への登記が可能となり、配偶者に登記請求権があります。
（注）令和元年度税制改正により公表された「配偶者居住権」の相続税評価

●配偶者居住権（建物部分）

> 居住建物の時価（固定資産税評価額等）－居住建物の時価
> 　　×（耐用年数－経過年数－存続年数）／（（耐用年数－経過年数）
> 　　×（存続年数に応じた法定利率による複利現価率）

◎　**算式のポイント**

＊配偶者の将来の余命年数経過時における建物所有権の価額を算定、これを現在価値に換算することで、相続開始時における（配偶者居住権付の）建物所有権の評価額を算定。

＊建物の耐用年数は、耐用年数等に関する省令で定めた耐用年数に1.5倍した年数（６月以上の端数は１年とし、６月未満の端数は切捨）。

＊「経過年数」は、居住建物新築時から配偶者居住権設定時までの年数（６月以上の端数は１年とし、６月未満の端数は切捨）。

＊「存続年数」は、原則として配偶者居住権設定時の配偶者の平均余命（厚生労働省発表）。

＊「法定利率」は民法による法定利率（施行時当初は３％とし３年ごとに見直す変動利率）。

＊居住用建物が賃貸の用に供されている場合には、その賃貸床面積に相当する部分は、居住権の計算から除外。

＊居住用建物が他者と共有になっていた場合、その共有床面積に相当する部分は、居住権の計算から除外。

＊遺産分割に時間を要する場合、評価は遺産分割時を基準とし、相続発生時の建物の時価をその比率（配偶者居住権＋所有権）で按分。

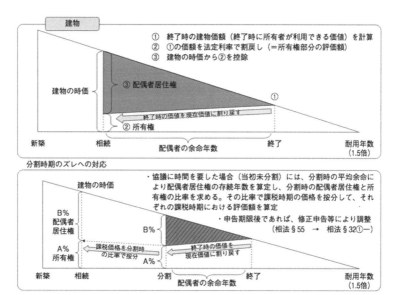

① 終了時の建物価額（終了時に所有者が利用できる価値）を計算
② ①の価額を法定利率で割戻し（＝所有権部分の評価額）
③ 建物の時価から②を控除

・協議に時間を要した場合（当初未分割）には、分割時の平均余命により配偶者居住権の存続年数を算定し、分割時の配偶者居住権と所有権の比率を求める。その比率で課税時期の価格を按分して、それぞれの課税時期における評価額を算定
・申告期限後であれば、修正申告等により調整
（相法§55 → 相法§32①一）

（国税庁HPより引用）

●居住建物の所有権部分の評価

居住建物の時価 − 配偶者居住権の価格

●配偶者居住権に基づき敷地を利用する権利（土地部分）

土地等の時価（路線価等による相続税評価額） − 土地等の時価
　×（存続年数に応じた法定利率による複利現価率）

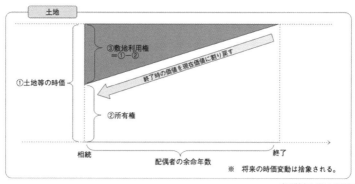

（国税庁HPより引用）

●居住建物の敷地の所有権部分の評価

土地等の時価 － 配偶者居住権の敷地利用権の価格

☆ **建物と土地の計算例**

[１] 存続期間が残存耐用年数に満たない場合

＜前提条件＞

・居住用財産（１億円）

　　イ　建物（木造、築４年）、相続税評価額（＝固定資産税評価額×1.0）1,000万円

　　ロ　土地（300㎡、路線価30万円／㎡）、相続税評価額9,000万円

・相続関係

　　イ　建物及び土地→子が相続；　配偶者（妻）→配偶者居住権を取得

　　ロ　配偶者居住権の存続年数は終身（配偶者は相続開始時に70歳）

・使用する数値

　　イ　建物の耐用年数：22年×1.5＝33年（非事業用）

　　ロ　存続年数：20年（70歳女性の平均余命年数（厚生労働省・完全生命表））

　　ハ　複利現価率：0.554（法定利率３％　20年間）

＜計算＞

A　配偶者居住権の評価

　1,000万円－1,000万円×｛（33年－４年）－20年｝／（33年－４年）
　×0.554＝　**828万円**

B　居住用建物の所有権部分の評価

　1,000万円－828万円＝　**172万円**

C　敷地利用権の評価

　9,000万円－9,000万円×0.554＝　**4,014万円**

D　土地の所有権部分の評価

　9,000万円－4,014万円＝　**4,986万円**

＜結果＞

・配偶者の取得額（A＋C）＝　**4,842万円**

　→小規模宅地特例適用後（A＋C×0.2）＝　**1,630万円**

・子の取得額（B＋D）＝　**5,158万円**

[２] 存続期間が残存耐用年数を超える場合

＜前提条件＞

・居住用財産（9,200万円）

　　イ　建物（木造、築30年）、相続税評価額（＝固定資産税評価額×1.0）
　　　200万円

□　土地（300㎡、路線価30万円／㎡）、相続税評価額9,000万円
・相続関係
　　イ　建物及び土地→子が相続；　配偶者（妻）→配偶者居住権を取得
　　ロ　配偶者居住権の存続年数は終身（配偶者は相続開始時に70歳）
・使用する数値
　　イ　建物の耐用年数：22年×1.5＝33年（非事業用）
　　ロ　存続年数：20年（70歳女性の平均余命年数（厚生労働省・完全生命表））
　　ハ　複利現価率：0.554（法定利率3％　20年間）
＜計算＞
　A　配偶者居住権の評価（計算式の分母又は分子が0になる場合には分数の項を0とする）
　　200万円－200万円×｛（33年－30年）－20年｝／（33年－20年）×0.554＝　**200万円**
　B　居住用建物の所有権部分の評価
　　200万円－200万円＝　**0円**
　C　敷地利用権の評価
　　9,000万円－9,000万円×0.554＝　**4,014万円**
　D　土地の所有権部分の評価
　　9,000万円－4,014万円＝　**4,986万円**
＜結果＞
　・配偶者の取得額（A＋C）＝　**4,214万円**
　　→小規模宅地特例適用後（A＋C×0.2）＝　**1,002万円**
　・子の取得額（B＋D）＝　**4,986万円**

（国税庁ＨＰより引用）

◎「配偶者居住権」評価の留意点

＊配偶者が死亡した場合：　配偶者居住権が消滅。配偶者から居住建物の所有者に相続を原因として移転する財産でないため、相続税の課税関係は生じない。

＊配偶者より先に所有者が死亡した場合：　配偶者居住権は存続中のため、相続発生時点における建物の時価から配偶者居住権の評価額を控除した残額が所有権の評価となり、所有者の相続財産となる。

＊期間の途中で合意解除、放棄等があった場合：　建物所有者からその配偶者居住権の価額に相当する対価の支払いがない場合（価額に満たない対価の支払いがあった場合も含む）には、配偶者から配偶者居住権の贈与があったものとみなし、居住建物の所有者に対して贈与税が課税。

＊上記の場合、配偶者は総合譲渡所得として消滅の対価を確定申告する必要があるが、居住用財産の特別控除などの特例を受けることはできない。

＊小規模宅地の評価減の適用：　配偶者居住権の敷地利用権については、土地の上に存する権利となるため、適用あり。

＊配偶者居住権を有する配偶者が長生きしてそこに住み続ける限り、配偶者居住
権とその敷地権は年々縮小し、贈与税の課税なしにその縮小相当額は家屋所有
権及び土地の所有権に価値が移転、2次相続に有利に働くことになります。

⑤相続された預貯金債権の仮払い制度（令和元年7月1日から施行）

　相続された預貯金債権は遺産分割の対象に含まれ、遺産分割が終わるまでは、共同相続人による単独での払い戻しができません。

　そこで、遺産分割の審判又は調停の申立て及び仮払いの申立てにより、仮払いの必要性を明らかにすることで、家庭裁判所が判断した金額を払い戻しできるようにしました。

　また、裁判所外での相続人の単独払戻も可能となります。この場合、上限は相続開始時の口座ごとの預貯金×3分の1×法定相続分、かつ1つの金融機関ごとに150万円までです。

⑥相続人以外の者の貢献を考慮する制度（令和元年7月1日から施行）

　相続人以外の親族が、無償で被相続人の療養看護等を行っても、相続財産を取得することができませんでした。

　これが、相続開始後、相続人に対して金銭の支払い（特別寄与料）を請求することができるように改正されました。これにより介護等の貢献に報いることができ、実質的公平を図ることができます。

⑦遺留分制度の見直し（令和元年7月1日から施行）

　遺留分減殺請求権を行使することで、すべての遺産が共有状態になり、事業承継の支障となる恐れがあります。また、その共有割合は、評価額等を基準にしており、複雑で大きな数字での共有状態となり、持分権の処分の支障となる恐れもあります。

　このため、遺留分減殺請求権から生じる権利を金銭債権化しました。そして金銭を直ちに準備できない受遺者又は受贈者から請求を受けた裁判所が、その金銭債権の全部または一部の支払いにつき、相当の期限を許与することができるようにしました。

　またこれに伴って、従来は被相続人の生前の特別受益にあたる贈与をすべて考慮して遺留分の算定をしていたところ、これを相続開始前10年間の贈与のみに限定します。

第3節 相続税の改正のポイント

 はじめに

平成27年1月から、改正相続税法が施行されています。

大きな改正点は、基礎控除の圧縮です。これにより、従来100人に4人の割合で相続税の申告をしている人の割合が、100人に6人ないし8人に増える、と言われています。

ここからは、注意したい改正点の内容について見ていきます。

 税制改正のポイント

（1）基礎控除

従来、相続税の基礎控除は、

　5,000万円+1,000万円×法定相続人の数

でした。これが改正により

　3,000万円+600万円×法定相続人の数

となります。

ですから、仮に、相続人が配偶者、子供2人の合計3人である場合、従来ですと、

　5,000万円+1,000万円×3人=8,000万円

であったところ、

平成27年1月以降に発生した相続については

　3,000万円+600万円×3人=4,800万円

に圧縮されることになります。

（2）相続税の税率構造の変更

平成27年1月以降の相続については、最高税率を55%とする8段階に設定されています。

法定相続分に 応じる取得金額	改正前		改正後	
	税率	控除額	税率	控除額
1,000万円以下	10%	0万円	10%	0万円
3,000万円以下	15%	50万円	15%	50万円
5,000万円以下	20%	200万円	20%	200万円
1億円以下	30%	700万円	30%	700万円
2億円以下	40%	1,700万円	40%	1,700万円
3億円以下	40%	1,700万円	45%	2,700万円
6億円以下	(3億円超) 50%	4,700万円	50%	4,200万円
6億円超			55%	7,200万円

(参考：相続税の速算表)

(3) 税額控除の拡大

　各相続人が負担すべき相続税額について、社会的弱者への配慮から、相続人が未成年者または障害者である場合に適用される税額控除の拡大が行われました。

①未成年者控除
　（20歳―相続時の年齢）×10万円（改正前6万円）

②障害者控除
　（85歳―相続時の年齢）×10万円（改正前6万円）（注*）
　（注*）特別障害者の場合は20万円（改正前12万円）

(4) 小規模宅地の評価減①
　　（特定居住用宅地等の適用面積拡大）
　被相続人が所有していた居住していた宅地等（土地または借地権）で、一定の条件を満たしたものについては、相続税の計算上一定の減額が受けられます。小規模宅地の評価減といわれるものです。
　なお、この特例は、原則として、相続税の申告期限前に遺産分割協議が完了（または遺言書が存在）し、その宅地等の所有者が確定している

場合に限られており、相続税の申告書を提出することによって受けられる特例であることに注意したいところです。

適用が受けられる宅地、及びその特例内容は下記のとおりです。

	名称	内容	適用面積	減額割合
①	特定居住用宅地等	被相続人等の居住用	330㎡ （改正前240㎡）	80%
②	特定事業用宅地等	被相続人等の事業用 （不動産貸付業を除く）	400㎡	80%
③	特定同族会社 事業用宅地等	被相続人及びその親族等の 株式保有割合が50%超の 同族法人の事業用 （不動産貸付業を除く）	400㎡	80%
④	貸付事業用宅地等	被相続人等の貸付事業用	200㎡	50%

上記①から④の宅地等を承継した親族には、相続税の申告期限（相続発生の翌日から10か月以内）まで、所有継続、居住（または事業）継続の要件があります。

なお、配偶者については、①の特定居住用宅地等を承継した場合、所有継続・居住継続要件がなく、他の相続人に比べて優遇されています。

また、被相続人に配偶者がいない場合や、被相続人と同居している親族がいない場合に、別居している親族がその宅地等を承継したケースでも、上記①の特定居住用宅地の特例を受けられるケースがあります（家なき子の特例）。これには、相続開始3年以内に、その親族が自身、またはその配偶者が所有している居住用家屋に居住したことがないこと、相続税の申告期限まで保有を継続すること、が要求されています。

また、③と④については、有償（被相続人に相当の利益が生じる賃料）で賃貸していること、が要求されます。

さらに③の特定同族会社事業用宅地等については、当該宅地の承継者が相続税の申告期限において、その同族会社の役員であること、が要件に含まれています。

（5）小規模宅地の評価減②
（特定事業用宅地、特定同族会社事業用宅地との完全併用）

上記に述べた特定居住用宅地等は、上限が330㎡ですが、その被相続人が、他に特定事業用（又は特定同族会社事業用）宅地等を所有していた場合には、その400㎡と合算して、合計730㎡につき、80%の減額ができることとなりました。

　なお、貸付事業用宅地については、この完全併用はありません。例えば、先に特定居住用宅地等にて330㎡に80%減額を受けた場合には、貸付事業用宅地等について50%の減額を受けることができません。一方、先に貸付事業用宅地等にて200㎡に50%減額を受けた場合には、特定居住用宅地等について80%の減額を受けることはできません。いずれかを優先するかは、納税額の有利さで選択をする必要があります。下記をご参照ください。

（参考）「特定事業用（又は特定同族会社事業用）宅地等と貸付事業用宅地等の併用」あるいは「特定居住用宅地等と貸付事業用宅地等の併用」の場合の適用面積の調整計算

　　計算式：　A×200/400+B×200/330+C≦200㎡
　　A：特定事業用（又は特定同族会社事業用）宅地等の面積
　　B：特定居住用宅地等の面積
　　C：貸付事業用宅地等の面積

（例）特定居住用宅地等　7,920万円（264㎡）、貸付事業用宅地9,000万円（180㎡）の場合の適用有利判定

①特定居住用宅地等を優先した場合（貸付事業用宅地の利用可能面積をCと仮定）
　判定：264㎡（特定居住用宅地等面積）×200/330+C=200㎡
　　→　160㎡+C=200㎡　∴C=40㎡
　小規模宅地評価減適用額：
　　7,920万円×80%+9,000万円×40㎡/180㎡×50%=7,336万円
②貸付事業用宅地等を優先した場合（特定居住用宅地等の利用可能面積をBと仮定）
　判定：B×200/330+180㎡（貸付事業用宅地等面積）=200㎡

$$\rightarrow \quad B \times 200/330 = 20㎡ \quad \therefore B = 33㎡$$

小規模宅地評価減適用額：
9,000万円×50%＋7,920万円×33㎡/264㎡×80%＝
5,292万円

③　①＞②　∴特定居住用宅地等を優先した場合が有利

（6）小規模宅地の評価減③（二世帯住宅、老人ホーム等）

平成26年1月以降の相続に係る小規模宅地の評価減の特例では、特定居住用宅地等の適用について、整備された点があります。

①二世帯住宅の取扱い

被相続人所有の宅地に、二世帯住宅を建築し、その子供が同じ敷地内に居住することは少なくありません。

このようなケースでは、内部が完全に区分されているか否かにかかわらず、その敷地の全体を、特定居住用宅地等として特例の利用が可能です。

なお、登記上、区分所有登記を行っている場合には、被相続人が居住していた家屋の面積に対応する部分の宅地の面積のみを、特定居住用宅地等と認定することになり、特例の効果が半減するので注意したいところです。

②被相続人が老人ホームに入所していた場合の取扱い

高齢化社会である現在、介護の必要から老人ホームに入所する人は増えています。これにより主が不在となる居住用宅地の取り扱いについては、要介護認定または要支援認定を受けて所定の施設に入所したこと、そして、自宅はその間、事業や賃貸等の他の用途に供していないこと、という条件を満たしていれば、適用が可能となっています。

（7）小規模宅地の評価減④（特定居住用宅地等・貸付事業用宅地等の見直し）

平成３０年４月１日以降の相続または遺贈から、特定居住用宅地等・貸付事業用宅地等の見直しが行われることになりました。

①特定居住用宅地等の見直し

　上記（4）で述べたとおり、被相続人に配偶者がいない場合や、被相続人と同居している親族がいない場合に、別居している親族がその宅地等を承継したケースでも、居住用宅地の特例を受けられるケースがあります（家なき子の特例）。これには、相続開始3年以内に、その親族が自身、またはその配偶者が所有している居住用家屋に居住したことがないこと、が条件とされています。

　平成30年4月1日以降の相続または遺贈につき、この家なき子の特例につき、「相続開始前3年以内に、3親等内の親族等が所有する家屋に居住したことがある者」または「相続開始時において居住の用に供していた家屋を過去に所有していたことがある者」を除外します。

　また、相続開始前3年以内に、3親等内の親族又はその親族と特別の関係にある一定の法人が所有する家屋に居住したことがある者も特例が受けられない、としました。

　この内容では、有償無償を問わず、相続開始前3年以内に3親等内の親族又は特別な関係にある法人が所有する家屋に居住した場合には、家なき子の特例が受けられないことになります。事情があって親御さんの家から離れる場合でも、これら関連の居宅には住めないことになりますので、注意が必要です。

②事業用宅地等の見直し

　平成30年4月1日以降の相続または遺贈につき、宅地200㎡まで50％減額できる小規模宅地特例「貸付事業用宅地等」につき、相続開始前3年以内に貸付事業の用に供された宅地等を除外します。なお「相続開始前3年を超えて事業的規模で貸付事業を行っている場合」または「平成30年4月1日前から貸付事業の用に供されている場合」は、その例外とします。

　従って、今まで不動産賃貸を行っていない方が、相続開始前3年以内にあわてて相続対策用に実施した不動産賃貸にあっては、小規模宅地の特例は受けられません。既に事業的規模（5棟10室以上、又は50台以上駐車場、なお駐車場は10台を1棟、5台を1室に換算して貸家との組合せ可）にて不動産賃貸業を営まれている方は、従来通りで問題ありません。

同様に、平成３１年４月１日以降の相続または遺贈につき、宅地４００㎡まで８０％減額できる小規模宅地特例「事業用宅地等」につき、相続開始前３年以内に事業の用に供された宅地等を除外します。なお「当該宅地の上で事業の用に供されている償却資産の価額が、当該宅地の相続時の価額の１５％以上である場合」または「平成３１年４月１日前から事業の用に供されている場合」は、その例外とします。

（8）相続時精算課税制度の見直し

相続時精算課税制度では合計2,500万円までの贈与について、非課税枠を設けています。

今回改正により、令和6年以後の相続時精算課税制度による贈与について見直しがありました。

内容は、2,500万円の非課税枠の他、毎年の贈与額につき110万円までの基礎控除を設けるというものです。

これによれば、相続時精算課税制度対象の贈与者から受贈者への1年当たりの贈与につき、もし110万円以下であれば贈与税の申告を不要とするものです。

また、贈与者に相続があった場合には、当該基礎控除部分は、相続時精算課税制度によって相続財産に加算される贈与額から控除することができます。

（9）相続前の贈与加算制度の見直し

暦年単位での贈与については、贈与者に相続が発生した場合、相続開始日前３年以内の贈与につき、その受贈者である相続人・受遺者はその贈与額を相続財産に加算することになっています。

今回改正により、令和6年以後の暦年贈与についてこの加算期間の見直しがありました。

内容は、相続発生日前3年の期間を7年に延長するというものです。

これによれば、仮に令和6年内に贈与を受けた財産を加算しなくてよいのは、贈与者に令和14年以降相続が発生した場合のみ、ということになります。

またこの改正に伴って、従来の相続発生日3年より以前の延長された加算期間（４年間）の贈与財産については、総額100万円まで、相続財

産に加算される贈与額から控除することとしました。

 ## ③ 改正の注意点

　これら相続税の基礎控除の圧縮を含めた税制改正において、最も注意したいのは、申告もれ・手続もれによる不要な税額の発生です。

　相続税がかかることを知らずに、遺産分割もせずに放置していた場合、上記の「小規模宅地の評価減」や、被相続人の配偶者に適用があるはずの「配偶者の税額軽減」が完全に受けられなくなるばかりか、税務署からの指摘により申告書を提出した場合には、無申告加算税が納税額の15％（自主的に期限後申告した場合には納税額の5％）が課税されます。

　申告期限内に、遺産分割が成立しない場合には、「申告期限後3年以内の分割見込書」を申告書に添付する必要があります。その場合には、「小規模宅地の評価減」「配偶者の税額軽減」は当初申告では受けることができないので、法定相続分によって分割したものとみなして、各相続人が相続税を納める必要があります。ただし、申告期限後3年以内に分割が成立した場合には、その遺産分割協議書の写しを添付した上で、遺産分割成立の翌日から4か月以内に、各相続人が税務署に「更正の請求書」を提出すれば、多く払った相続税を戻してもらうことができます。
　なお、申告期限後3年を経過しても裁判等で遺産分割が整わない場合には、その申告期限後3年を経過する日の翌日から2か月を経過する日までに「遺産が未分割であることについてやむを得ない事由がある旨の承認申請書」の提出を行い、所轄税務署長の承認を受けた場合には、その判決の確定等の日の翌日から4か月以内に、各相続人が税務署に「更正の請求書」を提出することができます。

　相続の対策には、やはり自分自身の財産確認、相続税の事前試算が必要不可欠となります。税金の専門家、特に相続税に特化した税理士にご相談をお勧めします。
　また、遺言書の作成も、遺産分割がまとまらずに「小規模宅地の評価

減」「配偶者の税額軽減」を適用できなくなることを防止するために、有効でしょう。

　遺言書には代表的なものに、公正証書遺言、自筆証書遺言がありますが、お勧めしたいのは、公正証書遺言です。

　なお、民法により相続人には犯すことのできない最低限の権利（遺留分）があります。遺言書であっても、遺留分を侵害している場合には、多く財産を承継することとなる人に対して、自分の遺留分の侵害部分を請求することができる（遺留分の減殺請求）ので、注意が必要です。

　遺言書上では承継する財産は少ないものの、一部の相続人が生前に多額の贈与や生活資金の援助を受けていた事実があれば、その旨を遺言書の「付言」として書き添えることで、相続トラブルを回避できる利点もあり、活用をお勧めします。

付録
東日本大震災特例税制について

　「東日本大震災からの復興のための施策を実施するために必要な財源の確保に関する特別措置法」が2011年12月2日に公布され、2013年1月1日から施行されました。

　このため、源泉徴収義務者の方は、2013年1月1日から2037年12月31日までの間に生ずる所得について現在の所得税額に2.1%の税率を乗じた金額を「復興特別所得税」として、源泉所得税を徴収する際に併せて徴収し、その合計額を納付していただくこととなります。

　復興特別所得税の源泉徴収の対象については、所得税法の規定により所得税を源泉徴収することとされている所得
・利子等及び配当等
・給与等
・退職手当等
・公的年金等
・報酬・料金等
などがあります。

　その他、法人税や住民税などの税金にも震災特例税制があります。

付録
海外資産に注意!!

　近年、海外への投資や取引、海外に資産を保有する人が増えています。海外資産についても、適正に課税等をおこなうために、国税庁は積極的に調査等をおこなっています。2014年度以降の税制改正により、以下様々な制度が創設されています。

（1）国外財産調書制度

　2014年度から国税局は、海外資産を確実に把握し課税するために、2014年度に「国外財産調書制度」を創設しました。提出要件に該当する人は、「国外財産調書」をその年の翌年6月15日までに提出しなければなりません（2023年分以前は翌年3月15日までに提出）。

　なお、正当な理由がなく国外財産調書を提出しなかった場合や虚偽の記載をした場合等には、加算税や罰則が適用される可能性があります。

提出義務者—以下の要件すべてに該当する者
・居住者（非居住者を除く）
・その年の12月31日において合計額が5,000万円を超える国外財産（不動産、預貯金、有価証券等）を有する人

（2）国外転出時課税制度

　近年、日本居住者が有価証券等の資産を保有したまま税率の低い国（または無税の国）へ出国した上で、有価証券等の資産を譲渡することにより所得税の課税を回避するケースが多く見受けられました。このような、海外への過度な財産移転を防止するために、2015年度税制改税において、国外転出時課税制度が創設されました。

　以下の要件に該当する場合は、出国等した時点で対象資産を売却したとみなして、含み益に所得税が課税されます。ただし、納税猶予制度や国外転出の日から5年以内に帰国した場合など一定の要件を満たす場合には、減額措置もありますので、詳細は国税庁HP等でご確認ください。

当該制度に該当する者—①～③の要件すべてに該当する者
①国外転出をする居住者等［下記（1）～（3）に該当する者］

（1）対象者が国外転出する時

（2）対象者が国外に居住する親族当（非居住者）へ対象資産を譲
渡する時

（3）対象者が亡くなり、相続等により国外に居住する相続人等が
対象資産を取得する時

②国外転出の時に所有等している対象資産の価額の合計額が１億円以
上である。

③原則として国外転出の日前10年以内において、国内在住期間が５
年を超えていること。

対象資産

・有価証券（株式や投資信託など）

・匿名組合契約の出資持分

・未決済の信用取引、未決済の発行日取引

・未決済のデリバティブ取引

→国外転出前に確定申告を提出する場合…国外転出予定日から起算
して３ヶ月前の日の金額

国外転出後に確定申告を提出する場合…国外転出時の金額

（3）財産債務調書制度

　所得税・相続税の申告の適正性を確保する観点から、一定の基準を満
たす者に対し、その保有する財産及び債務に係る調書の提出を求める
「財産債務調書制度」が2016年度に創設されました。提出要件に該当
する者は、翌年６月15日までに「財産債務調書」を提出する必要があ
ります（2023年分以前は、翌年３月15日までに提出）。なお、正当な
理由がなく財産債務調書を提出しなかった場合や虚偽の記載をした場合
等には、加算税や罰則が適用される可能性があります。

提出義務者 — ①②の要件をすべてに該当する者

①退職所得を除く各種所得金額の合計額が 2,000万円超

②その年の12月31日において、3億円以上の資産もしくは国外転出時
対象資産が1億円以上

※2023年分以後は、上記のほか「その年の12月31日においてその価
額の合計額が10億円以上の財産を有する居住者」の方も対象となります。

索引

付録・索引・参考資料

参考資料一覧

『社会保険の事務手続き』（社会保険研究所）
『雇用保険の実務』（広島労働局職業安定部職業
安定課）
『ジョブカード制度のご案内』（厚生労働省）

◎J-NET21ホームページ
http://j-net21.smrj.go.jp/
◎林業労働力確保センターホームページ
http://www.nw-mori.or.jp/
◎ドリームゲートホームページ
http://www.dreamgate.gr.jp/
◎ハローワークインターネットサービスホーム
ページ
http://www.hellowork.go.jp/
◎金融広報中央委員会ホームページ
http://www.saveinfo.or.jp/index.html
◎経済産業省ホームページ
http://www.meti.go.jp/
◎厚生労働省ホームページ
http://www.mhlw.go.jp/
◎国税庁タックスアンサーホームページ
http://www.nta.go.jp/taxanser/index2.
htm
◎日本政策金融公庫ホームページ
http://www.jfc.go.jp
◎国民年金基金ホームページ
http://www.npfa.or.jp/
◎財団法人21世紀職業財団ホームページ
http://www.jiwe.or.jp/
◎財団法人産業雇用安定センターホームページ
http://www.sangyokoyo.or.jp/
◎社団法人シルバー人材センター事業協会ホー
ムページ
http://www.zsjc.or.jp/
◎社団法人全国社会保険協会連合会ホームページ
http://www.zensharen.or.jp/
◎守山市ホームページ
http://www.city.moriyama.shiga.jp/
◎全国商工会連合会ホームページ
http://www.shokokai.or.jp/

◎全国新規就農相談センターホームページ
http://www.nca.or.jp/Be-farmer/
◎全国中小企業団体中央会ホームページ
http://www.chuokai.or.jp/
◎中央職業能力開発協会ホームページ
http://www.javada.or.jp/
◎中小企業庁ホームページ
http://www.chusho.meti.go.jp/
◎独立行政法人中小企業基盤整備機構ホーム
ページ
http://www.smrj.go.jp/
◎独立行政法人労働政策研究・研修機構ホーム
ページ
http://www.jil.go.jp/
◎日本商工会議所ホームページ
http://www.jcci.or.jp/
◎農林水産省ホームページ
http://www.maff.go.jp/
◎法務省ホームページ
http://www.moj.go.jp
◎労務安全情報センターホームページ
http://labor.tank.jp/
◎しましまネットホームページ
http://www.nijinet.or.jp
◎酪農ヘルパー全国協会ホームページ
http://d-helper.lin.gr.jp/
◎地域若者サポートステーションホームページ
http://www.saposute-net.mhlw.go.jp
◎総務省ホームページ
http://www.soumu.go.jp

【著者プロフィール】

榎本　恵一（えのもと　けいいち）

税理士法人 恒輝 代表社員　榎本税務会計事務所 所長

税理士（東京税理士会本所支部）・株式会社ウィズダムスクール 代表取締役

一般社団法人 日本経営コーチ協会 理事長・ファイナンシャルプランナー・大東文化大学　元非常勤講師

専修大学会計人会会長

1963 年、東京都生まれ。専修大学商学部会計学科卒。産能大学大学院経営情報学研究科経営情報学専攻修了（MBA）

　税理士法人 恒輝 代表社員として、日夜顧問先である中小企業の支援に励んでいる。特に近年では事業承継に特化したセミナーに取り組み、M＆A などの支援を手掛け、企業に対する分かりやすい決算診断の提案と個人に対するライフプランの重要性を説くセミナー活動に情熱を燃やし、起業家の応援を行っている。財務や経営に関するコンサルティングには定評があり、現場での経験を踏まえたセミナー・講演では、顧問先だけでなく同業者からも好評を得ている。その他、SNS や書籍などでの情報発信にも精力的に取り組んでいる。

　主な著書は、「知って得する年金・税金・雇用・健康保険の基礎知識 2005 ～ 2023 年度版」（三和書籍）、経営マンガ「負けない！」（万来舎）、「社長ちょっとまって‼それは労使トラブルになりますよ！」（万来舎）、「実践ワーク・ライフ・ハピネス」（万来舎）、「実践ワーク・ライフ・ハピネス2」（万来舎）など。

住所　東京都墨田区両国 3-25-5 JEI 両国ビル 3F

電話　03-3635-3507

E-mail info@ecg.co.jp URL http://www.ecg.co.jp

渡辺　峰男（わたなべ　みねお）

渡辺人事経営研究所　所長

特定社会保険労務士、日本人事総研グループ加盟人事コンサルタント。

1961 年、岡山県生まれ。関西大学商学部商学科卒業。

　現在、社会保険労務士業に加え、「応援します。良い会社づくり！」をモットーに、人事・労務、財務、金融等の経営に関する幅広い知識で経営計画策定、人事諸制度策定・運用指導などのコンサルティングを行うかたわら、各地で講演活動、研修事業を行う。

　著書として『自己責任時代のサバイバルブック』（共著）、『社長、ちょっと待って‼ それは労使トラブルになりますよ！』（共著）。

住所　広島県呉市中央 3-12-15

電話　（0823）24-2554

E-mail hac48750@rio.odn.ne.jp

URL http://www-jinjikeiei.com

吉田　幸司（よしだ　こうじ）

社会保険労務士法人ワン　代表社員
社会保険労務士、日本人事総研グループ加盟人事コンサルタント。
1964年、滋賀県生れ。大谷大学文学部社会学科卒業。人事制度の構築、運用、労務管理指導、就業規則等の作成・運用指導、助成金活用指導・手続き代行、社会保険・労働保険の手続き代行、社員研修、能力開発のための個別指導、経営指導、各地での講演活動等を行う。また、滋賀県産業支援プラザ、福井県産業支援センター、各地の商工会議所等の公的機関の登録専門家として地域の中小企業への経営指導にあたっている。
　著書として『自己責任時代のサバイバルブック』、『社長、ちょっと待って!! それは労使トラブルになりますよ！』（いずれも共著）。

住所　滋賀県守山市赤野井町263番地の1
電話　077-585-0405
E-mail koujiyosida@me.com
URL https://wan.jbcsite.com

林　充之（はやし　みつゆき）

税理士法人YMG林会計（YMGグループ）代表社員　　税理士
1961年、神奈川県生まれ。法政大学経済学部卒業、山梨学院大学大学院公共政策研究科修了。
現在、YMGグループ代表として、財務分析を中心にした経営相談を数多く手がける。起業家支援にも力を注いでおり、多くの起業家の「経営コーチ」としての信頼も厚い。また、相続・事業承継においても幅広い相談を資産家の方々の「相続コーチ」として数多くの実績を持ち、経営と資産税の両方のニーズにお応えする幅広いコンサルティングが特徴。講演実績も豊富で判りやすい語り口が好評。
　著書として『ときめき会社法』（共著）、『経営コーチ』（共著）、『経営コーチ入門』（共著）『その時、会社が動いた』（共著）、『社長さん今が決断の時です』（共著）、『サラリーマンのための相続トラブル対策』（共著）、月刊税理「この資産にはこの評価」など。

住所　神奈川県横浜市緑区十日市場町861-6
電話　045-983-0110
E-mail　info@ymgnet.co.jp
URL　http://www.ymgnet.co.jp

秋山　高善（あきやま　たかよし）

税理士、共栄大学国際経営学部教授
日本税務会計学会法律部門常任委員（東京税理士会）。
著書として『Q&A　国境を超える電子商取引等に関する消費税の実務』、『【完全版】消費税軽減税率・インボイス制度の実務』、『基礎から学ぶ現代税法〔第5版〕』（共著）、『著作権の税務』（共著）、『関係者間取引の法務と税務』（共著）、『税務会計論〔第四版〕』（共著）、『テキスト法人税法入門』（共著）、他多数がある。

※ 本書の情報は特に断りのない場合、2023 年 10 月現在のものです。

知って得する　**2024**年版
年金・税金・雇用・健康保険の基礎知識
──「自己責任」時代を生き抜く知恵──

2023 年 12 月 25 日　第 1 版 第 1 刷発行

著　者	榎　本　恵　一
	渡　辺　峰　男
	吉　田　幸　司
	林　　　充　之
	秋　山　高　善

© 2021 Keiichi Enomoto, Mineo Watanabe,
Kouji Yoshida, Mitsuyuki Hayashi,
Takayoshi Akiyama

発行者	高　橋　　　考
発行所	三　和　書　籍

〒 112-0013　東京都文京区音羽 2-2-2
TEL 03-5395-4630　FAX 03-5395-4632
info@sanwa-co.com
http://www.sanwa-co.com/
印刷・製本／中央精版印刷株式会社

乱丁、落丁本はお取り替えいたします。価格はカバーに表示してあります。　　　　ISBN978-4-86251-528-5 C0036

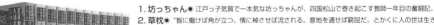

大活字本シリーズ　太宰治　全7巻 A5判・並製

全7巻セット 本体24,500円+税　各巻 本体3,500円+税

1. **人間失格**◉ 人間失格
2. **走れメロス**◉ 走れメロス／お伽草子
3. **斜陽**◉ 斜陽
4. **ヴィヨンの妻**◉ ヴィヨンの妻／女生徒／桜桃／皮膚と心／きりぎりす
5. **富嶽百景**◉ 富嶽百景／東京八景／帰去来／如是我聞
6. **パンドラの匣**◉ パンドラの匣
7. **グッド・バイ**◉ グッド・バイ／ダス・ゲマイネ／畜犬談／道化の華

大活字本シリーズ　森鷗外　全7巻 8冊 A5判・並製

全7巻8冊セット 本体28,000円+税　各巻 本体3,500円+税

1. **舞姫**◉ 舞姫／うたかたの記／文づかい／そめちがへ／妄想
2. **高瀬舟**◉ 高瀬舟／半日／寒山拾得／普請中／堺事件／護寺院原の敵討
3. **山椒大夫**◉ 山椒大夫／阿部一族／最後の一句／興津弥五右衛門の遺書
4. **雁**◉ 雁
5. **渋江抽斎**◉ 渋江抽斎（2022年12月発刊予定）
6. **鼠坂**◉ 鼠坂／追儺／佐橋甚五郎／蛇／杯／木精／空車／心中／椋鳥品／百物語
7. **ヰタ・セクスアリス**◉ ヰタ・セクスアリス／魔睡

大活字本シリーズ　江戸川乱歩　全7巻 A5判・並製

全7巻セット 本体24,500円+税　各巻 本体3,500円+税

1. **怪人二十面相**◉怪人二十面相
2. **人間椅子**◉ 人間椅子／Ｄ坂の殺人事件／押絵と旅する男／蟲
3. **パノラマ島綺譚**◉ パノラマ島綺譚
4. **屋根裏の散歩者**◉ 屋根裏の散歩者／心理試験／芋虫／二銭銅貨
5. **火星の運河**◉ 火星の運河／鏡地獄／月と手袋／白昼夢／人でなしの恋
6. **黒蜥蜴**◉ 黒蜥蜴
7. **陰獣**◉ 陰獣／双生児／赤い部屋

大活字本シリーズ コナン・ドイル 全7巻 A5判・並製

全7巻 本体24,500円+税　各巻 本体3,500円+税

1. **ボヘミアの醜聞**◉ ボヘミアの醜聞／赤毛同盟／花婿失踪事件／ボスコム谷の惨劇／独身の貴族
2. **唇のねじれた男**◉ 唇のねじれた男／まだらのひも／オレンジの種五つ／青い紅玉／技師の親指
3. **グローリア・スコット号**◉ グローリア・スコット号／白銀号事件／入院患者／曲がれる者／ライギット・パズル
4. **最後の事件**◉ 株式仲介人／黄色い顔／ギリシャ語通訳／マスグレーヴ家の儀式／最後の事件
5. **空家の冒険**◉ ノーウッドの建築業者／空家の冒険／踊る人形／自転車乗りの影
6. **緋色の研究**◉ 緋色の研究
7. **最後の挨拶**◉ サセックスの吸血鬼／ソア橋／瀕死の探偵／ボール箱／赤い輪／最後の挨拶

免疫を高める食事 自律神経を整える特効レシピ付き
野口勇人 著
A5判　並製　定価1,700円+税

この本は、「免疫とは何か」について、やさしく解説しています。実は、簡単な血液検査で、自分の免疫力を知ることができます。
そして、免疫力を高めるための食事の3ヵ条を、レシピ付きで紹介しています

腎臓をよくする食事
腸をきたえて透析回避！計算いらずのレシピ付き
内山 葉子 著
A5判　並製　定価1,800円+税

★最新研究で判明！　塩、たんぱく、カリウム制限は大幅に緩和できる
★ステージ3までは計算不要！
★腎臓を長持ちさせて透析を回避する食事を公開

寿命を延ばす! 腸を温める食事
大腸の専門医が教える腸活の新常識
松生 恒夫 著
A5判　並製　定価1,700円+税

★「腸活」が成功しないのは、腸が冷えているから！
★「腸の冷え（腸冷え）」を改善すれば腸の働きがよくなり、健康長寿が実現！
★便秘だと10年後、15年後の生存率が低くなるとわかった！

顔の左右が違うのはなぜ？　1分で改善できる技公開
杉本 錬堂 著
46判　並製　定価1,500円+税

本書では、「目の大きさ」や「鼻の曲がり」といった14種類の顔のアンバランスと、「二の腕の脂肪」や「猫背」といった8種類の休のアンバランスを、瞬時に改善する簡単メソッドが、実例写真とともに紹介。

ALPS 水・海洋排水の 12 のウソ
烏賀陽弘道 著

A5判　並製　定価1,500円+税

★日本政府の12のウソを徹底的に指摘！
★福島第一原発を震災直後から取材し続ける著者による告発
★公開直後から17万再生された動画をもとに緊急出版

日本の図書館事始 日本における西洋図書館の受容
新藤透 著

46判　上製　定価3,600円+税

日本人と西洋式の図書館との最初の接触が、天正遣欧使節にまで遡れることを詳らかにします。その後、西洋を訪れた日本人がどのような図書館を見学したのか。そして、西洋の図書館の様子をどのように伝えたのか。本書はその具体的な様相に迫ります。

読書バリアフリーの世界
大活字本と電子書籍の普及と活用

野口　武悟 著

A5判　並製　定価2,000円+税

本を読みたくても、読むことができない状態、つまり、「本の飢餓」の問題を解消し、読書バリアフリーの世界を実現するためには、こうした「バリアフリー資料」の存在が欠かせません。

激動の時代に信念を貫いた 海軍兵学校長の言葉
真殿 知彦　著

46判　並製　定価2,500円+税

明治～昭和の激動の時代に海軍兵学校で起こったことは、現代に重ね焼きされるようだ。
海上自衛隊幹部候補生学校と、海上自衛隊幹部学校の両方の学校長を務めた著者が、歴代校長の言葉で歴史を振り返り、激動の時代のリーダー像に焦点を当てる。